韫玉凝晖

扬州地区博物馆藏文物精粹

扬州市文物局 编

文物出版社

封面题签：顾　风

责任编辑：智　朴

责任印制：张　丽

图书在版编目（ＣＩＰ）数据

　韫玉凝晖 ：扬州地区博物馆藏文物精粹 ／ 扬州市文物局
编． -- 北京 ：文物出版社，2015.8
　　ISBN 978-7-5010-4361-3

　　Ⅰ．①韫… Ⅱ．①扬… Ⅲ．①文物 - 扬州市 - 图集
Ⅳ．①K872.533.2

　中国版本图书馆CIP数据核字(2015)第184190号

韫玉凝晖——扬州地区博物馆藏文物精粹

扬州市文物局　编

出版发行	文物出版社
社址	北京市东直门内北小街2号楼
网址	http://www.wenwu.com
邮箱	web@wenwu.com
制版印刷	北京图文天地制版印刷有限公司
经　销	新华书店
开　本	889×1194　1/16
印　张	15
版　次	2015年8月第1版
印　次	2015年8月第1次印刷
书　号	ISBN 978-7-5010-4361-3
定　价	270.00元

《韫玉凝晖——扬州地区博物馆藏文物精粹》
编委会名单

扬州，有近7000年人类文明史，已建城2500周年，是国务院公布的全国首批24座历史文化名城之一，也是世界文化遗产——中国大运河的发祥地、海上丝绸之路的重要节点城市。作为国内为数不多的通史式城市，扬州历经了汉代的兴盛、唐代的鼎盛和清代的繁盛，为中华民族的发展作出过巨大的贡献，也积淀了深厚的文化底蕴，为当代扬州留下了大量弥足珍贵的文化遗存。为了全面梳理、掌握扬州市可移动文物的情况，在国家和省文物主管部门指导下，扬州市于2012年率先开展第一次全国可移动文物普查工作，取得了丰硕成果。普查表明，全市现有国有文物收藏单位49家，收藏文物共计351948件，其中文物系统内各单位收藏文物196759件，文物系统外国有单位收藏文物155189件。全市共有馆藏珍贵文物2312件（套），其中一级文物68件（套），二级文物428件（套），三级文物1816件（套）。

为了充分展示扬州可移动文物的珍贵内涵，支持相关学术研究和科普教育，扬州市文物局组织编撰了《韫玉凝晖——扬州地区博物馆藏文物精粹》。该书选取部分具有较高历史文化价值的精品文物，以翔实的内容、精美的图片进行介绍与点评，对进一步做好文物保护及宣传工作具有重要意义。

源远流长、博大精深的文化遗产，是先人留给我们的重要财富。保护好、利用好这些文化遗产，弘扬民族优秀传统文化，是历史赋予我们的重要使命。我们一定要坚持"保护为主、抢救第一、合理利用、加强管理"的文物工作方针，发动各方面力量，精心呵护、深入研究、科学开发，让这些珍贵文物世代传承，永续利用，成为我们建设精神家园的永恒力量。

2015年8月于扬州

目 录

铜器

书画

其他

陶瓷器

01｜商锥刺几何形纹双耳黑陶罐
口径7.4、腹径13.3、高14.1厘米
2005年宝应县西安丰镇北出土
宝应博物馆藏

唇口外撇，圆鼓腹，喇叭状平底实足。颈部饰四道凸弦纹，肩部饰环形耳两只，腹部饰四组双线半圆形状剔刺纹。灰陶质地，外施黑衣。此罐造型独特，线条流畅，排列规整，工艺精湛，在江淮地区极为罕见。

02 | **汉刻划水波纹釉陶壶**

口径 16.5、腹径 36、高 46 厘米

1980 年宝应县原天平乡九里一千墩汉墓群出土

宝应博物馆藏

敞口，长颈，溜肩，圈足底，肩部置绞索纹双系。胎色灰白，施青黄釉。腹部刻有竖线纹、水波纹、折线纹、锯齿纹等，间以弦纹。此壶形体硕大，纹饰丰富，殊不多见。

03 西汉青釉刻划纹陶虎子

流口径 5.7、腹径 22.7、高 28.3 厘米
1994 年仪征市刘集镇联营村 1 号汉墓出土
仪征市博物馆藏

扁球腹、平底、矮圈足。器身一侧出一喇叭口直流，口部饰有三道凸棱。上置绞索纹弓形提梁，与器身连接处饰圆形贴饰和一细长尾巴。胎色灰白，胎质致密细腻，施青黄色釉至腹部，釉层均匀，上有翠绿釉斑。腹部自上而下刻划有戳点纹、水波纹、梳篦纹，间以弦纹。该器物造型奇特，釉色明亮光洁，是汉代虎子中的佳品。

04 **西汉青釉水波纹陶匜**

通长 34、宽 26.4、高 10.8 厘米

1990 年仪征市张集乡团山 1 号汉墓出土

仪征市博物馆藏

平面呈圆角方形，直壁，下腹渐收，平底。前端置一上翘的扁宽流，后端贴饰兽面纹錾。胎色灰白，胎质坚硬，内外施青黄釉，釉色明亮均匀。壁饰水波纹一周，上下各有弦纹两道。

05 西汉青釉立鸟刻划纹陶熏

口径 9.8、底径 7.6、通高 18.6 厘米

1994 年仪征市刘集镇联营村 1 号汉墓出土

仪征市博物馆藏

陶熏由盖和器身组成，子母口，深直腹，下腹斜收，高圈足。胎色灰白，质地细腻，通体施青绿釉，釉色明亮，上有翠绿釉斑。盖钮镂有九孔，顶端立一鸟，其下塑三小鸟，盖面有八个三角形镂孔，刻划篦点纹两周，间以弦纹。腹部饰水波纹一周，上下各有弦纹两道。

西汉青釉刻划纹三足带盖陶瓿

口径 13.1、底径 20.2、通高 25.5 厘米

1994 年仪征市刘集镇联营村 1 号汉墓出土

仪征市博物馆藏

圆弧形盖，直口，短颈，溜肩，鼓腹，平底，下置三矮扁足。肩部置对称兽面纹耳。胎色灰白，施青黄釉至腹部，釉色明亮。盖上有蘑菇状捉手，盖面饰弦纹、圈点纹。肩至腹部自上而下饰锯齿纹、水波纹、梳篦纹各一周。

07 西汉青釉刻划纹三足带盖陶瓿

口径 13.1、底径 20.2、通高 25.5 厘米
1994 年仪征市刘集镇联营村 1 号汉墓出土
仪征市博物馆藏

圆弧形盖，直口，短颈，溜肩，鼓腹，平底，下置三矮扁足。肩两侧置对称宽扁耳，耳面上翘，上饰圆圈纹和网纹，下置一圆环。胎色灰白，施青绿釉至腹部。盖上有捉手，盖面饰三周水波纹。肩部至腹部饰有栉齿纹、锯齿纹、圈点纹、梳篦纹和水波纹各一周。

08 | 东汉青釉四系罐

口径 10.8、底径 12.9、高 22.5 厘米
1980 年邗江区甘泉香巷汉墓出土
扬州博物馆藏

直口、圆唇、弧肩微凸、鼓腹、底内凹。胎色灰白，满施青绿色釉，有细开片。肩部饰一道凸棱，置四对称泥条横系，腹壁印饰麻布纹。此罐胎质坚硬、釉色晶莹碧透，为早期越窑产品。

09 **三国吴青釉虎子**

通长 30、流口径 6.9、通高 19.5 厘米

1987 年仪征市陈集镇红光村出土

仪征市博物馆藏

伏虎状，圆筒形口，束腰，背上置绞索状提梁，提梁前端置一系。胎色灰白，胎质细密坚硬，满施青釉。口部两侧塑凸点为眼，阴刻直线数道为须。虎子造型规整别致，釉色晶莹光亮，为早期越窑的佳作。

10 **东汉青釉虎子**

通长 24.5、宽 19.5、高 17.5 厘米
1980 年宝应县原天平乡九里一千墩出土
宝应博物馆藏

伏虎状，直筒口、圆形腹，背部置绞索状提梁。胎色灰白、施釉淡薄。腹部饰篦点纹、水波纹，以弦纹为间。虎子造型质朴，装饰简洁，对研究早期虎子形制演变有一定意义。

11 | 东晋青釉唾壶

口径 8.4、底径 10.4、高 10.3 厘米
1985 年邗江区甘泉六里村东晋墓出土
扬州博物馆藏

浅盘口，短束颈，扁鼓腹，底部内凹，有七块支烧痕。通体施青灰色釉，釉不及底，釉面有细开片。壶造型端庄，釉色纯正，为东晋越窑典型器。

12 北朝青釉贴花盘口壶

口径 9.8、底径 16、高 46 厘米
1972 年邗江区西湖荷叶村王庄出土
扬州博物馆藏

盘口，长颈，溜肩，平底。肩部置相间
的桥形、圆形系各四个。内外均施半截
青釉，下腹流釉，底部露胎。器身饰多
层模印贴花，颈下贴饰四朵宝相花，系
间饰贴花，肩下部为两道绳纹，其下贴
饰相间的八朵宝相花与八只走兽。壶造
型端庄大方，釉色青中泛黄，为北朝青
瓷代表作。

13 隋青釉鸡首龙柄四系盘口壶

口径 7.2、底径 7.8、高 21.4 厘米
1972 年仪征市刘集镇国庆村出土
仪征市博物馆藏

盘口，细长颈，溜肩，长鼓腹，饼足，肩部置四对称环形系。胎色灰白，内外壁均施青釉，外壁釉不及底。颈上饰两道凸棱，肩塑鸡首为饰，与之相对应处置一龙首曲柄，龙首与盘口相接。壶造型端庄清秀，为隋代典型器。

14 唐灰陶文吏俑

宽 14.1、通高 48.8 厘米
1973 年仪征市胥浦乡先进村出土
仪征市博物馆藏

方脸浓眉，圆目高鼻，作闭口状。头戴进贤冠，身穿对襟宽袖着地衫，腰间束带，双手平拱胸首，长衫曳地外露足尖。此俑为灰陶模塑，面部表情安详，形象写实，具有明显的唐代特征。

15 | 唐邢窑白釉执壶

口径 7.5、底径 6.4、高 17.3 厘米
1975 年扬州市东风砖瓦厂出土
扬州博物馆藏

喇叭形口，高颈，斜肩，长圆形腹，腹下部渐收，平底饼足，颈肩之间置圆形短流、曲柄。通体施化妆土，内外满施白釉，足部露胎。壶胎骨坚硬致密，修胎规整，釉色纯白润泽，造型浑圆端庄，出土时伴有"得壹元宝"，是鉴定唐代邢窑制品的标准器物。

16 唐越窑青釉莲荷纹盘

口径 15.1、底径 6.1、高 2.5 厘米
1990 年邗江区霍桥乡出土
扬州博物馆藏

四瓣花口，口沿外撇，浅腹，矮圈足，近花口处内壁起筋，外壁压凹棱。胎色青灰，通体施青釉，足端露胎，有支钉痕。盘内底刻划莲花和莲蓬，内壁环绕以荷叶。此盘做工精致，刻划细腻，纹饰洒脱，是唐代越窑中的珍品。

17 | 唐越窑青釉划花盖盂

口径 4.5、底径 5、通高 6.8 厘米

扬州文物商店征集

扬州唐城遗址博物馆藏

扁圆形，盖、盂相套合。盖面微鼓，直壁；盂敛口，弧肩，斜直腹，矮圈足底。胎色浅灰，通体施青釉。盖顶刻划精细的云纹。盖盂造型规整，釉色纯正，为越窑佳作。

18 唐越窑青釉碗

口径 13.5、底径 6.2、高 4.7 厘米
扬州文物商店征集
扬州唐城遗址博物馆藏

侈口，斜弧腹，玉璧底。胎色灰白，通体施青釉，釉色青中泛黄。此碗器形端正，釉面匀净，为晚唐越窑典型器。

19 | 唐越窑青釉盒

口径 8、底径 6.2、通高 4 厘米

扬州文物商店征集

扬州唐城遗址博物馆藏

扁圆形,以子母口套合。盒面微鼓,直壁,下腹内折,平底。胎色灰白,通体施青釉。盖盒造型规整,釉色纯正,为越窑佳器。

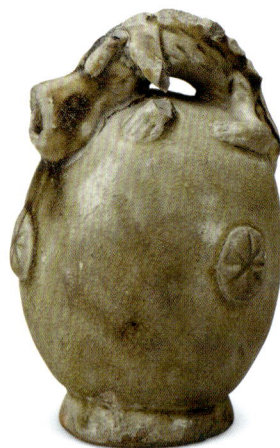

20 **唐青釉褐彩伏螭水注**

腹径 6.5、底径 4.2、高 9.2 厘米

扬州文物商店征集

扬州唐城遗址博物馆藏

椭圆球状，圈足外撇，底内凹。顶部塑一螭，螭口、足、尾与器身相连，腹部抬起，作伏行状，螭口为流，螭尾蜿蜒至腹。胎色灰白，通体施青釉，有开片。螭身以褐彩点缀，腹部于流口下及两侧贴饰三组模印花瓣。水注造型别致，釉色匀净，较为罕见。

21 | 唐定窑白釉军持

口径 1.5、底径 6.8、高 27 厘米

扬州文物商店征集

扬州唐城遗址博物馆藏

细长颈，颈部有盘状凸棱，溜肩，弧腹，足外撇，底平略内凹。肩部置短流，喇叭形流口。胎色灰白，外施白釉不及底，釉色白中泛黄，有开片。军持器形规整，为唐代定窑烧制。

22 | 唐长沙窑青釉绿彩瓷枕

枕面长 15.7、宽 10.3、高 7.6 厘米

扬州文物商店征集

扬州唐城遗址博物馆藏

枕面呈圆角方形，前窄后宽，略弧凹。枕体中空，右壁后角开一小圆孔。胎色灰白，施青黄色釉。枕面以绿彩草叶纹组合而成的三角形花卉为主体，饰以两组绿彩草叶。枕体前后壁均饰绿彩花草纹。

23 **唐长沙窑青釉褐绿彩水盂**

口径 3.4、底径 4.3、高 6.5 厘米

扬州文物商店征集

扬州唐城遗址博物馆藏

敛口，圆肩，鼓腹，饼底。胎色灰白，器内外遍施青釉，外釉不及底。外壁绘褐、绿条彩相间图案，整体造型规整，条彩流动自然。

24 唐长沙窑青釉褐蓝彩云气纹大罐

口径 16.3、腹径 25、底径 19.5、高 29.8 厘米
1974 年扬州市唐城遗址出土
扬州博物馆藏

直口，卷唇，高颈，深腹呈圆筒形，平底内凹。肩部置对称扁环形双系，系上饰云纹和"王"字。胎色米黄，满施青黄色釉。器身以相间排列的褐、绿两色点彩满绘五朵云纹组合而成的如意云纹为主体，另绘莲花及荷叶补于空处。罐形体硕大，制作精良，彩釉瑰丽，纹饰构图奇异，颇具异国风格，为长沙窑罕见珍品。

25 **唐长沙窑青釉褐绿彩拍鼓人物**
底径 5、高 8.5 厘米
1981 年扬州市月明轩工地唐墓出土
扬州唐城遗址博物馆藏

人物面部丰满、大耳，眼、嘴、额前及两鬓头发为刻划痕。双手于胸前作击鼓状，双腿盘曲坐于座垫上。胎色米黄、通体施青黄釉。头发绘以蓝彩，腰、腿、足部以及鼓上点饰蓝、褐色彩。此人物造型稚拙、生动，形象似南洋群岛土著，较为少见。

26 | 唐长沙窑青釉褐彩莲瓣云气纹盏

口径 14、底径 5.5、高 4.1 厘米
1985 年扬州市公安局基建工地出土
扬州唐城遗址博物馆藏

敞口微撇，斜直壁，矮圈足，足底有螺旋纹。胎色灰白，施青黄色釉，有细开片及流釉现象，外壁下部及底露胎。内壁以褐彩绘莲瓣状云气纹。盘釉色明亮，彩绘构图别致，为长沙窑佳器。

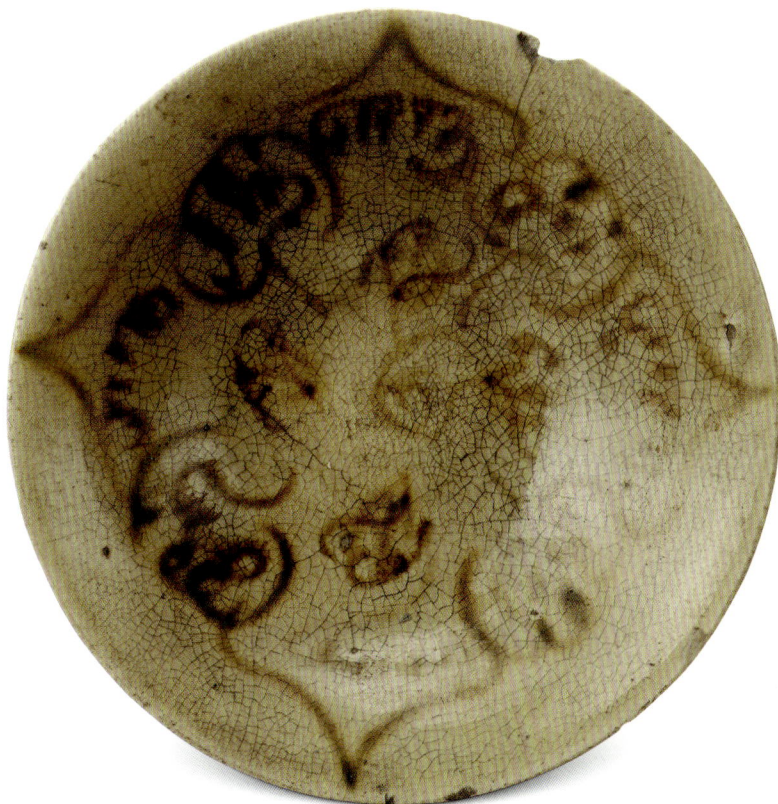

27 唐长沙窑青釉短流水注

口径 7.8、底径 4.5、高 5.3 厘米

扬州文物商店征集

扬州唐城遗址博物馆藏

唇口，弧腹，饼底。腹部一侧置短流。胎色灰白，胎质细腻，施青黄色釉，釉质匀净，开细片，下腹及底露胎。水注制作规整，为长沙窑烧制精品。

28 | 唐青花花卉纹盘

口径 14.8、底径 6.9、高 3.3 厘米
2002 年扬州市万家福二期工程出土
扬州博物馆藏

四瓣花形，口沿外撇，腹内壁对应花口处起筋，浅腹，圈足。胎色米黄，胎质细密，内外施白釉，圈足露胎，盘内心绘青花四瓣花卉，内壁等分绘三组花瓣。

29 | 唐黄釉绞胎枕

长 14.4、宽 10.5、高 7.7 厘米

1975 年邗江区双桥公社卜桥大队廿四桥工地出土

扬州博物馆藏

枕面呈圆角方形，枕面两端稍高，中间微凹，略呈马鞍状。枕体中空，枕前壁有一圆形小孔。胎色米黄，胎质细腻，施黄釉，底部露胎。枕面及枕壁均贴饰绞胎木纹，枕面为平行排列的花状木瘿纹。该枕为唐代巩县窑典型品种之一。

30 唐三彩模贴神兽纹三足陶鍑

口径 14.5、腹径 22、高 15.7 厘米

扬州文物商店征集

扬州唐城遗址博物馆藏

口沿外卷，短颈，丰肩，扁圆腹，腹下置蹄形三足，足略外撇。胎色白中泛红，胎质粗松。通体施黄绿白褐四色釉，口颈、肩部和兽纹以黄、绿彩点染，下腹露胎，有流釉现象。肩部贴饰六片模印菩提叶纹，腹部贴饰相间的海马、海狮各三只。该器造型敦实沉稳，釉色绚丽，具有西亚造型装饰风格，为巩县窑不可多得之佳品。

五代白釉褐彩人物轿车

通长 9.1、通宽 8、高 11.5 厘米
1992 年邗江区廿四桥薛庄出土
扬州博物馆藏

牛驾二轮舆车，方舆箱，束腰弧顶高篷，篷顶贴饰宝相花，束带。车内端坐一高髻簪花的贵妇；前方左侧站立手扶牛角的驭者；右侧为一骑马佩剑的侍官；车后有两扶辕侍从；轮侧各有一只小犬。舆箱上刻斜线、竖线作装饰，牛首饰璎珞。胎洁白细腻，满施青白釉，釉面有积釉、冰裂，座下露胎。人物、动物及车的显要部位以褐釉点饰。这件白釉褐彩人物轿车反映了唐代制瓷工艺的高超水平。

32 | 五代白釉钵盂

口径 18.5、底径 9.5、腹径 20.9、高 11.8 厘米
1975 年邗江区杨庙殷湖村蔡庄出土
扬州博物馆藏

圆唇，扁鼓腹，矮圈足。胎色细白，通体施白釉，釉色略泛青灰，外底及圈底无釉，底边有支钉痕迹。钵盂胎薄质细，釉色光亮纯正，制作精致，是邢窑佳器。

33 北宋耀州窑青釉刻莲瓣纹碗

口径 14.8、底径 5.8、高 6.7 厘米

1995 年宝应县安宜路北宋墓群出土

宝应博物馆藏

敞口,弧腹,圈足。胎色灰白,胎质细腻,内外满施青绿色釉。外壁刻饰四层莲瓣,每层十三瓣,莲瓣错落有致。该碗雕刻规整,纹饰清晰,釉色青绿可爱,温润莹洁。

34 **宋白釉褐斑剔花六角枕**

枕面长 19.9、宽 10、高 10.4 厘米
1984 年扬州文物商店征集
扬州博物馆藏

六角箱形，枕面前倾，枕壁微内收，平底，底部中心有一
小孔。通体施白釉，底部无釉，露米黄胎。枕面阴刻六边
形弦纹边框，框内点褐彩装饰平行排列的梅花纹，枕壁刻
方形边框，框内剔刻折枝花卉纹，枕面边缘及枕壁棱角处
均以点褐彩装饰，底部印麻布纹。此枕做工规整，刻划遒
劲，纹饰自然洒脱，殊为难得。

35 | 北宋景德镇窑青白釉执壶

口径 7、底径 5.5、高 13.8 厘米

2005 年仪征市都市枫林工地 22 号墓出土

仪征市博物馆藏

盘口，束颈，丰肩，瓜棱形鼓腹，圈足。肩置双系，一侧有圆形细长流，另一侧附扁形曲柄。胎体洁白细腻，内外壁满施青白釉，釉面有冰裂纹。此壶造型优美，釉色莹润如玉，是宋代景德镇窑青白瓷的典型器。

36 | 北宋白釉柳斗纹罐

口径 10、底径 3、高 7 厘米

1999 年宝应县安宜路北宋墓群出土

宝应博物馆藏

圆唇口,束颈,弧腹下收,小平底内凹。胎色灰白,胎质细腻,内壁及唇口满施乳白釉。外壁素烧,颈部饰以一周白釉乳丁,腹部刻以柳斗纹。此罐器形别致,造型优美,为同类器中之翘楚。

37 **北宋耀州窑青釉堆贴摩羯鱼纹碗**

口径 12.5、底径 5、高 5.6 厘米

1995 年宝应县安宜北路北宋墓群出土

宝应博物馆藏

侈口、弧腹、圈足。胎色灰白，内外均施淡青色釉。碗心堆塑摩羯鱼纹。此碗造型规整，釉色纯正润莹，为耀州窑精品。

38 北宋青白釉瓜形水注

腹径 6.9、高 8.8 厘米

1995 年宝应县安宜路北宋墓群出土

宝应博物馆藏

八瓣瓜棱形，底心内收。顶部贴塑瓜蒂小把，肩部开一注孔。胎色灰白，质地细腻，满施青白釉。此水注造型独特新颖，优雅俊秀，釉色滋润莹美，殊为精致。

39 | **北宋青白釉刻牡丹纹碗**
口径 16、底径 7、高 7 厘米
1995 年宝应县安宜路北宋墓群出土
宝应博物馆藏

侈口，弧腹，圈足底。胎薄体轻，细腻洁白，施青白釉，釉肥厚，光泽感强。外壁刻缠枝牡丹纹。此碗造型端庄稳重，刀工流畅生动。

40 ┃ **北宋青白釉刻划牡丹纹盘**

口径 17.5、底径 7.2、高 4.6 厘米

1995 年宝应县安宜路北宋墓群出土

宝应博物馆藏

敞口，浅弧腹，圈足。胎色洁白，施青白釉。盘内满刻缠枝牡丹纹。盘釉色光亮，造型端正，刻划流畅。

41 　**南宋龙泉窑粉青釉瓜棱罐**

口径 6.8、底径 4.2、高 6.5 厘米

1984 年扬州市东风砖瓦厂出土

扬州博物馆藏

平口，溜肩，瓜棱腹，折腰，腰以下渐收，圈足。胎骨坚硬致密，色作浅灰，内外施粉青釉，釉面厚实温润，有冰裂纹开片，为南宋龙泉窑典型器。

42 元霁蓝釉白龙纹梅瓶

口径 5.5、腹径 25.3、底径 14、高 43.5 厘米

扬州文物商店征集

扬州博物馆藏

小口短颈，口沿平坦，丰肩，肩以下逐步收敛，至近底处微微外撇，浅底。通体施霁蓝釉，云龙、宝珠施青白釉。器身一周以云龙赶珠纹为主体纹饰，龙张口吐舌，上、下颚唇边卷翘，颈部细长，指尖锋利，背鳞清晰，云纹呈火焰状，宝珠与云纹相接。梅瓶造型秀美，蓝釉呈色鲜明纯正，纹饰精美生动，气势磅礴，是梅瓶中的极品。

43 元青花月影梅纹蒜头瓶（一对）

口径 2.5、底径 4.5、高 15.6 厘米

1987 年扬州市石塔西路出土

扬州唐城遗址博物馆藏

八瓣蒜头形口，长颈，削肩，圆腹，圈足稍外撇，颈部接胎，外壁起一周圆棱。胎色灰白，略泛黄。器身绘多层青花纹饰，蒜头上绘莲瓣纹，肩部绘一周卷草纹，腹部绘折枝梅花和月牙纹。通体施青白釉，青花发色凝重，圈足内不施釉。

44 **元青花缠枝莲纹碗**

口径 16.8、底径 5.6、高 7.6 厘米

扬州市文物商店征集

扬州博物馆藏

敞口外撇，深腹，圈足微撇，底足无釉。内外均绘青花纹饰，内口沿绘卷草纹，碗心绘折枝花卉，外壁绘缠枝花卉纹，腹部绘莲瓣纹，皆以弦纹相间。碗造型规整，青花发色浅淡，虽为民窑产品，仍不失为元代佳器。

45 **明洪武白釉暗刻缠枝莲纹梅瓶**

口径 5.1、腹径 14.5、高 25 厘米

扬州文物商店征集

扬州博物馆藏

唇口，丰肩，肩以下渐收，至近底处外撇，砂底。胎质洁白细腻，施白釉，釉色泛青。釉下暗刻细缠枝莲花纹，近底处暗刻蕉叶纹。梅瓶刻工自然流畅，釉色清新润泽，为明洪武时期典型器。

46 明永乐甜白釉暗刻凤纹梨式壶

口径 4、底径 5.5、通高 12.5 厘米
扬州文物商店征集
扬州博物馆藏

形似鸭梨，子母口盖合，圈足较高，外撇。胎质细腻洁白，通体施白釉。前置细长三弯流，后置单耳把。宝珠形盖钮，盖沿及柄上方各有一小系。通体满刻阴线暗花，盖面为覆莲纹，肩部刻四朵流云，腹部为一对回首展翅的凤凰，圈足外侧为云雷纹。此壶胎薄釉厚，釉面丰腴温润，暗刻纹饰若影若现，为永乐官窑精品。

47 | 明永乐甜白釉暗刻一把莲纹盘

口径31、底径22、高5.6厘米

扬州文物商店征集

扬州博物馆藏

敞口，斜腹，矮圈足，砂底。胎质细腻洁白，内外满施甜白釉。内底暗刻一把莲纹。此盘器造型规整，釉色纯正滋润，暗花纹饰清晰可辨，为永乐官窑精品。

48 **明宣德青花缠枝莲纹扁壶**
口径 8.2、腹径 33.4、高 44 厘米
扬州文物商店征集
扬州博物馆藏

小口微收，细颈，溜肩，扁鼓腹，圈足。通体绘疏朗的青花纹饰，青花有黑色结晶斑，白釉微泛青色。颈部分两道饰带，绘小缠枝莲花图案，腹部整体绘缠枝莲花。此壶形体硕大，纹饰精美，青花色泽浓艳，绘画工整精细。

49 **明宣德霁红釉暗刻龙纹盘**

口径 21、高 4.1 厘米

扬州文物商店征集

扬州博物馆藏

敞口，浅弧腹，矮圈足，釉底。内外施霁红釉，发色浅淡。内壁暗刻一对龙纹。底书"大明宣德年制"六字两行青花双圈楷书官款。此盘造型规整，龙纹隐现，为宣德官窑产品。

50 **明成化青花缠枝莲纹碗**

口径 19.8、底径 7.2、高 8.5 厘米

1978 年扬州市农科所成化十六年（1480 年）墓出土

扬州博物馆藏

口沿外撇，壁微弧，圈足内敛。胎体细白坚密，釉面肥厚滋润，呈湖水青色。内外壁均绘青花纹饰。内沿绘一周锦纹带，内壁绘一周五朵折枝山茶花，内底绘如意结带宝杵纹。外口沿饰双弦纹，腹部以大朵缠枝莲花为主体纹饰，下绘一周莲瓣纹。此碗构图独具匠心，造型精巧俊秀，青花恬静雅致。

51 明弘治白釉盘

口径 21.6、高 4.4 厘米

扬州文物商店征集

扬州博物馆藏

敞口，浅弧腹，圈足。内外均施白釉，胎体轻薄。底书"大明弘治年制"六字两行青花双圈楷书款。此盘造型端庄，釉色纯正滋润，为弘治官窑器。

52 **明正德黄釉绿彩龙纹盘**
口径 19、底径 10.5、高 4 厘米
扬州文物商店征集
扬州博物馆藏

口微敛，弧腹，圈足。外施黄釉，盘内白釉。外壁刻云龙两条，间以祥云，均施以绿彩。底书"正德年制"四字两行青花双圈楷书款。此盘为正德官窑器，釉色纯正，纹饰精细，较为罕见。

53 明"大彬"款紫砂六方壶

口径 5.7、底边长 4.5、高 11 厘米

1968 年江都区丁沟乡红飞村郑王庄

明万历四十四年（1616 年）曹氏墓出土

扬州博物馆藏

六棱柱形，有盖扣合，圆口、短颈、折肩，向下微收，平底内凹成圈足。盖上置倒锥形钮，钮微倾斜，钮面印对合的半弧纹。壶身一侧附六棱形三弯流，另一侧附五棱形耳把。紫砂色呈赭红，上有银砂闪点。壶底竖刻阴文"大彬"楷书款。壶泥质细腻，造型古朴，殊为难得。

54 明白釉彩绘人物塑像

通高 16.5 厘米

1987 年扬州市西游幻宫工地明代纪年墓出土

扬州唐城遗址博物馆藏

人物呈坐姿，微笑露齿，长衫长裤。左腿弯曲置地，右腿曲起，左臂自然下垂，右手作欲拍腿状。通体白釉，并釉上施彩，长衫淡青，长裤赭红，鞋面黑色。整体造型生动，惟妙惟肖。

55 明白釉 "跨马封侯" 人物塑像

通高 16.5 厘米

1987 年扬州市西游幻宫工地明代纪年墓出土

扬州唐城遗址博物馆藏

整器为一头戴官帽的封侯跨坐于马背上。身体侧向左，左手执鞭，右手指尖向上置于胸前，马作昂首翘盼状。通体施白釉，胎体致密。此像釉色纯正，造型别致，寓意美好。

56 **清康熙霁蓝釉暗刻龙纹盘**

口径 24.8、底径 16.2、高 4.2 厘米

南京博物院拨交

扬州博物馆藏

敞口外撇，浅腹，大圈足。胎洁白细腻，外施霁蓝釉，釉色蓝中泛紫。内外壁于釉下暗刻两条首尾相连的游龙，内底暗刻蟠龙。底书"大清康熙年制"六字两行青花双圈楷书款。此盘釉色深沉匀净，为清宫旧藏祭祀用具。

57 | 清康熙素三彩碗

口径 12.6、高 5.5 厘米

南京博物院拨交

扬州博物馆藏

敞口外撇，壁微弧，圈足。碗内外满施白绿色为主的素三彩斑点釉。底书"大清康熙年制"六字两行青花双圈楷书款。此碗施釉自然，釉色洁净素雅，为康熙时期典型品种。

58 | 清雍正斗彩花卉纹碗

口径 12.3、底径 4.3、高 6 厘米

南京博物院拨交

扬州博物馆藏

敞口，深弧腹，小圈足。胎质细腻，白釉微泛青色。以青花绘边饰及花纹的蓝色部分，填以红、绿、黄彩。外壁饰如意形草叶纹饰。腹部绘六组石榴纹。底书"大清雍正年制"六字两行青花双圈楷书款。此碗制作精细，纹饰鲜艳，为雍正官窑产品。

59 **清雍正冬青釉印花碗**

口径 22、底径 9.3、高 8.4 厘米

南京博物院拨交

扬州博物馆藏

撇口，深弧腹，圈足。胎体洁白细腻，满施冬青釉。外壁模印缠枝莲花纹。底书"大清雍正年制"六字两行青花双圈楷书款。碗釉色清纯润泽，雅致清新，为雍正官窑佳作。

60 | 清乾隆斗彩白地绿龙纹盖罐

口径 6.4、底径 8、高 20.7 厘米。

南京博物院拨交

扬州博物馆藏

直口、短颈、溜肩、斜收腹，平顶圆盖。通体以青花勾勒纹饰轮廓，再填饰绿彩。盖面绘云龙图案，肩部饰八宝纹，腹部主题绘云龙赶珠图，以如意云纹相间，胫部饰莲瓣纹，盖面亦绘云龙图案。底书"大清乾隆年制"六字三行青花篆书款。此罐白釉温润凝厚，绿彩青翠亮丽，图案绘制精细，云龙纹线条流畅，生气勃勃，为乾隆官窑中的精品。

61 清乾隆青花缠枝莲纹赏瓶

口径 9.5、底径 11.6、高 37.5 厘米

南京博物院拨交

扬州博物馆藏

敞口，长颈，鼓腹，圈足。胎质洁白致密，釉中微泛青。器身以青花绘多层纹饰，口沿至肩部依次绘海水纹、如意云纹、蕉叶纹，肩部绘回文、缠枝花卉、如意云纹，腹部纹饰为缠枝莲纹，其下绘变体莲纹和卷草纹边饰。底书"大清乾隆年制"六字三行青花篆书款。此瓶青花发色浓艳，纹饰繁缛，层次分明，为乾隆朝官窑精品。

口径 18.5、底径 23.5、腹径 30、高 51.6 厘米

南京博物院拨交

扬州博物馆藏

撇口，高颈，双贯耳，折
肩，鼓腹，圈足外撇。器
身以青花绘多层纹饰，口
沿至肩部依次绘海水纹、
如意云纹、缠枝莲纹、海
水纹，腹部绘如意云纹、
缠枝莲花纹、海水及莲瓣
纹，贯耳上亦绘海水纹。
底书"大清乾隆年制"六
字三行青花篆书款。此尊
器形硕大，端庄精美，绘
画细致雅丽，青花发色浓
艳，为乾隆官窑烧制的宫
廷陈设器具。

清乾隆青花缠枝莲纹六角贯耳瓶（一对）

口径 19、底径 19.2、高 45 厘米

征集

扬州博物馆藏

整体呈八方形，敞口，高颈，双贯耳，折肩，圈足外撇。胎质致密，釉中泛青。器身以青花绘多层纹饰，以缠枝莲花纹为主体，辅以回文、花草纹、海水纹。底书"大清乾隆年制"六字三行青花篆书款。此瓶器形硕大别致，青花发色青翠，成对难得，为乾隆官窑精品。

64　清乾隆仿宣德青花龙凤纹梅瓶

口径 10.5、底径 25、高 67 厘米
征集
扬州唐城遗址博物馆藏

圆唇口，短直颈，丰肩，腹微弧，下部
渐收，稍外撇，砂底略内凹。胎质洁白
细腻，釉色晶莹均匀。通体绘青花图
案，颈部绘蕉叶纹，肩部绘如意云纹，
腹部以龙、凤纹为主体纹饰，足四周绘
"寿山福海"纹。龙穿行于缠枝花卉
中，凤立于石崖之上。梅瓶器形硕大，
青花发色浓艳，纹饰精美，甚为罕见。

65 | 清乾隆仿木纹釉碗

口径 23.2、高 4.5 厘米

南京博物院拨交

扬州博物馆藏

敞口外撇，浅垂腹，玉璧底，底部有六个支烧点。外壁施红黄相间的仿木纹釉，碗内涂施金彩。此碗造型端庄，釉色精美逼真，为乾隆朝官窑佳器。

66 **清嘉庆粉彩过枝瓜蝶纹碗**

口径 11、底径 4.5、高 6 厘米

南京博物院拨交

扬州博物馆藏

敞口微撇，深腹，弧壁，圈足。胎体洁白细腻，釉色洁白莹润。器身内外绘粉彩过枝纹饰，瓜果、藤蔓、竹枝自外壁牵连入内，衬以彩蝶，寄予"瓜瓞绵绵"之意。底书"大清嘉庆年制"六字三行青花篆书款。此碗器形稳重，画面构思巧妙，画工精湛，粉彩色泽淡雅自然，为嘉庆官窑作品。

敞口、弧腹、圈足。胎质洁净，白釉细腻。外壁施以珊瑚红釉为地，留白绘竹枝图案。底书"大清嘉庆年制"六字三行青花篆书款。此碗形制周正，轻盈秀巧，红白相映，格调高雅。

68 **清咸丰蓝釉紫砂盆**

口径 34.7、底径 17.6、高 7.5 厘米

捐赠

扬州博物馆藏

宽折沿，浅弧腹，平底。紫砂质地，
盆内施蓝釉。外壁底边刻云雷纹，口
沿处有刻款"咸丰丙辰文登于子良造
其万年子子孙孙永宝用"。此盆器形
大而规整，内施蓝釉，较为少见，为
咸丰时期紫砂名家于子良作品。

铜器

扁平茎，剑身狭长，脊稍有隆起，前锷略收。茎上部铸有凹字形格及人面纹，人面呈心形，圆眼，三角形鼻，双耳上翘，传神逼真。

02 | 西周乳丁纹青铜铙

通高 22.8、管状甬长 8.2、直径 3、
管壁厚 0.3 厘米
2006 年高邮市三垛镇左家遗址出土
高邮市博物馆藏

腔体作合瓦状，口缘内凹呈弧形。午（舞）部正中有管状
甬，与腔体相通。器身两面各铸有三排乳丁，每排六枚。
此铙应为失群编铙，为西周时期打击乐器。

03 战国蟠螭菱纹铜镜

直径 18.4、厚 0.4 厘米

1994 年仪征市刘集镇联营村 1 号墓出土

仪征市博物馆藏

三弦钮，圆钮座，外围一周凹面形环带，素卷缘。镜背以圆涡纹为地纹，蟠螭纹为主纹。蟠螭张口露齿，腹部弯卷成环状，腹部向右伸出一菱形。此镜铸造精美，纹饰分明，甚为难得。

04 | 战国云雷纹地连弧纹铜镜

直径 21、厚 0.6 厘米

1993 年邗江区西湖果园砖瓦厂战国墓出土

扬州博物馆藏

三弦钮，圆钮座，宽素缘，低卷边。镜背以云纹和三角形雷纹组成云雷地纹，凹面环带及内向凹面八连弧纹为主纹。此镜铸造精良，纹饰鲜明，主纹、地纹繁简相衬，具有鲜明的战国时期风格。

05 | 战国四兽纹铜镜

直径 24、厚 0.8 厘米

1990 年仪征市张集乡团山 1 号墓出土

仪征市博物馆藏

三弦钮，羽状纹圆钮座，外围一周凹面形环带，素卷缘。镜背纹饰由地纹和主纹组合而成，以羽纹为地纹，相连的四只怪兽为主纹。该镜光洁可鉴，纹饰清晰，主、地纹层次分明，是战国中晚期楚国地区流行的铜镜。

06 **秦铜铍**（上）

长 46.8、宽 3、茎长 12 厘米

1993 年仪征市陈集乡杨庄村詹庄汉墓出土

仪征市博物馆藏

07 **秦"十五年寺工"铭铜铍**（下）

长 45.5、宽 3.1、茎长 10.5 厘米

1993 年仪征市陈集乡杨庄村詹庄汉墓出土

仪征市博物馆藏

扁平茎，窄薄身，六棱脊，锋锷锐利，茎上有穿，用以穿钉固柲。一铍浅刻十五字铭文"十五年寺工武光□作府吉工方山拜"；另一面身浅刻六字铭文"十五年寺工缮"。"十五年"为秦始皇纪年，即公元前232年，"寺工"是秦朝主造兵器的官署机构或官名。铜铍铸造精湛，锋利光亮，铭文清晰，尤显珍贵。

西汉永光元年"河内黑头"剑

长 114.5、宽 3.2 厘米

1987 年仪征市古井乡利民村汉墓出土

仪征市博物馆藏

扁长茎，身长而扁，中部起脊，茎末端有一圆穿，表层泛黑色，为含碳量较高的炒钢原料生铁锻造而成。茎部阴刻隶书铭文"河内黑头剑光硕天长四尺二寸永光元年造"。永光元年（公元前43年）为汉元帝年号。此剑保存完好，韧性好，弹性强，冶炼精良，有明确的地点、名称、尺寸和纪年，是研究汉代我国冶金技术和度量制极其珍贵的实物资料。

09 | 西汉铜阳燧

直径 8、厚 0.21～0.3 厘米
1988 年邗江区甘泉姚庄 102 号汉墓出土
扬州博物馆藏

覆盆式，正面内凹呈圆弧形。凸背上置三弦钮，圆形钮座，座外草叶及斜线纹为地纹，四蟠螭纹为主纹。阳燧纹饰鲜明，凹面抛光较好，为国内西汉时期孤品，具有极高的科学价值。

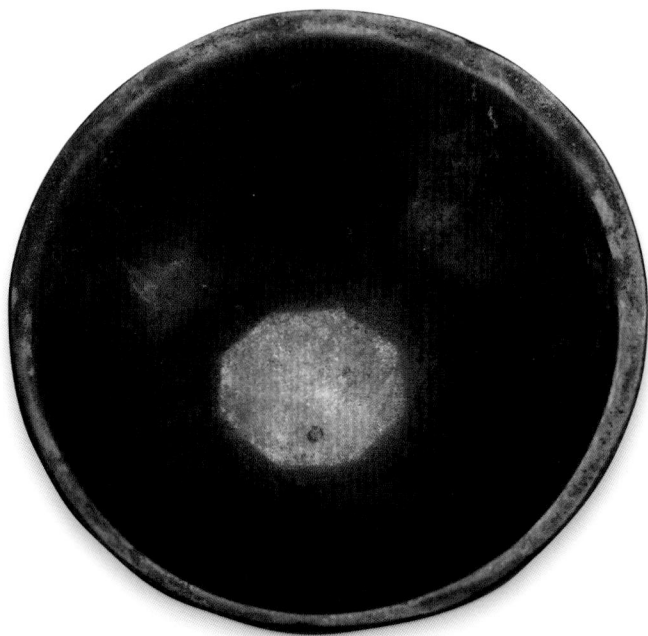

10 西汉铜博山炉

口径10、盘径24、通高25厘米
2003年仪征市新集镇国庆村螃蟹地7号汉墓出土
仪征市博物馆藏

炉由盖、身和承盘组成，盖顶立一小环钮，有空心链与炉身一侧环钮相连。盖上部镂刻卷云纹，作山形，盖下沿饰锯齿纹，与身扣合处饰一只回首的鹿。腹部饰二重羽状锦纹，柱下饰羽状锦纹和云纹，承盘缘饰锯齿纹。此炉构思奇巧，匠心独具，显示了极高的工艺水平。

11 │ 西汉鎏金四乳四虺纹铜镜

直径 18.5、厚 0.6 厘米

2010 年仪征市新集镇国庆村前庄砖瓦厂 12 号墓出土

仪征市博物馆藏

圆钮，并蒂联珠纹钮座，素宽缘。座外及缘内侧均饰以一周短斜线纹和凸弦纹。其间主纹为四乳钉与四虺相间环绕，四虺头部分别饰以青龙、白虎、朱雀、玄武四神纹，其余空间用禽鸟纹填充。此镜两面鎏金，保存完好，极为珍贵。

12 **西汉四叶蟠螭纹铜镜**

直径 14.7、厚 0.8 厘米

1999 年仪征市刘集镇联营村赵庄汉墓出土

仪征市博物馆藏

弦纹钮，双龙纹钮座，外围一凹面形环带，窄高卷边。镜背以细密云雷纹为地纹，四组蟠螭纹为主纹。蟠螭身躯盘旋纠结，以四株三叠式叶纹相间。该镜纹饰繁复，铸造精良，堪称铜镜中之佳品。

13 **西汉"食官"铭铜钫（一对）**

口边长 12.9、底边长 16.7、高 34.4 厘米

2003 年仪征市新集镇国庆村螃蟹地 7 号汉墓出土

仪征市博物馆藏

直口微侈，短颈，溜肩，弧腹，方圈足略外撇，肩部贴饰对称铺首衔环。口沿外侧阴刻隶书"食官"铭文，字体规整有力。"食官"是汉广陵国掌管日用器皿和饮食方面事务的官职。

14 | 西汉铺首衔环铜簋

口径 29、底径 17.3、高 14.5 厘米

2003 年仪征市新集镇国庆村螃蟹地 7 号汉墓出土

仪征市博物馆藏

敞口，深腹，高圈足微外撇。腹两侧置铺首衔环，口沿、腹部有一周凸棱。有鎏金痕迹。

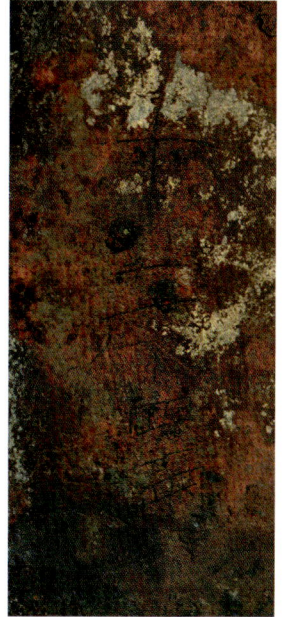

15 | 西汉"十一斤四两"铭铜簋

口径 29、底径 17.3、高 14.5 厘米

2003 年仪征市新集镇国庆村螃蟹地 7 号汉墓出土

仪征市博物馆藏

敞口，深腹，高圈足微外撇。腹两侧置铺首衔环，口沿、腹部各有一周凸棱。外底部阴刻"十一斤四两"五字。

16 西汉"广陵服食官"铭三足带盖铜鼎

直径 21、通高 17.5 厘米

1985 年邗江区杨寿乡李岗村宝女墩汉墓出土

邗江区文物管理委员会办公室藏

子母口盖合，扁球腹，圆底，三蹄足。鼎盖弧隆，上置三半环钮，钮上各有一乳突。腹上部附二对称环形耳，中部有一道凸棱。盖阴刻隶书"服食官钉盖第二"三行七字；腹上部阴刻隶书"广陵服食官钉第二"四行八字。此鼎造型稳重，铭文规整有力，对研究汉代广陵国的历史及官制有极为重要的价值。

17 **西汉铜齿轮及锁形器**

齿轮直径 1.6、厚 0.8 厘米；
锁形器长 5.85、宽 3.15、厚 1.1 厘米
1985 年邗江区杨寿镇宝女村宝女墩汉墓出土
邗江区文物管理委员会办公室藏

齿轮六件三组，每组中心穿孔一方一圆，方孔边长为0.6厘米，为主动轮；圆孔径0.4厘米，为被动轮；齿为人字状，中心偏一侧，咬合紧密；第一组26齿，各有一面孔边刻"八"，第二组41齿，各有一面孔刻"九"，第三组44齿，各有一面孔边刻"十"，齿轮大小相同。锁形器略作长方体，底方上圆，上部偏一端开一方缺，另一端中部偏上横穿一小圆孔，端面上部一圆穿，下部一方穿。

18 | 西汉错银凤鸟铜镇（一对）

长 7.5、宽 6.5、高 4.5 厘米
1980 年高邮市神居山二号墓出土
扬州汉广陵王墓博物馆藏

凤鸟作休憩状，回首搭于尾翼上，羽翼低垂，尾羽松散，两爪前伸。整器使用错银工艺，以银丝表现凤鸟的羽翼及毛发。铜镇造型生动，制作工艺精湛，是难得的精品。

19 ｜ 西汉螭虎纹博山铜镇

直径 7.5 厘米

1978 年邗江区甘泉公社崂山大队出土

扬州博物馆藏

圆座平底，座底部中心有方孔。顶部作博山形，下以三螭虎环绕拱立。铜镇造型别致，螭虎粗犷有力，铸造工艺精湛。

20 **西汉"恭庙"铭铜灯**

底径 16、高 34.2 厘米

1985 年邗江区杨寿镇宝女村宝女墩汉墓出土

邗江区文物管理委员会办公室藏

直盘口、盘中心有一支钉，细高蒜头形柄，喇叭形圈足座。足面阴刻隶书"恭庙"二字。该灯造型端正，铭文规整，系广陵国祖庙内的祭祀用器。

21 **西汉铜灶**

长 47.7、宽 18.7 ~ 29、通高 24.5、
灶高 13.5 厘米
1988 年邗江区姚庄汉墓出土
扬州博物馆藏

船形，两头平齐，前后挡板以铆钉焊接，前有火门，后有出烟孔。灶面有三灶眼，中间较大，上置甑，前后两个较小，各置一小锅。灶前后的挡板以铆钉焊接。该灶以铜铸成，造型规整，颇为少见。

22 西汉"五凤二年"铜香薰

口径 9.5、高 17 厘米

1990 年邗江区甘泉街道姚庄村秦庄西汉墓出土

邗江区文物管理委员会办公室藏

博山形盖，半球形身，盖、身子母口扣合，短细柄中部鼓突，喇叭形圈足。盖上部镂空作云山图案，下部壁较直，成台阶状，腹部附小钮衔环一对。腹上部饰凸弦纹一周。下部刻4行共22字铭文："孝文庙铜熏炉，容三升，重四斤十四两，五凤二年九月造"。"五凤"是汉宣帝的年号，五凤二年为公元前56年。经实测，熏炉盖重220克，身重710克，容量为445毫升，即汉代一斤折合190.77克，一升折合148.33毫升。

23 西汉三凤钮云纹鎏金铜樽

口径 19、高 20.5 厘米

1985 年邗江区甘泉姚庄 101 号汉墓出土

扬州博物馆藏

圆筒形，直壁、平底、三熊形足，三凤钮盖。盖顶置一提环，器身两侧置对称的铺首衔环。器物通体鎏金，盖面饰三道弦纹，间两组錾刻彩绘云纹，外缘弦纹上錾刻锯齿纹边饰；器身饰以三道弦纹，分隔出两道錾刻彩绘卷云纹，口、底边弦纹上亦饰锯齿纹。铜樽造型生动、纹饰丰富、工艺精湛，是汉代铜器的上品。

24 | 汉羊钮虎足铜樽

口径 23、底径 23.5、通高 22.5 厘米
1992 年仪征市胥浦镇肖南村胡庄出土
仪征市博物馆藏

圆筒形，直壁，平底，三虎足，三羊钮
盖。盖顶中心桥形钮上穿一提环，器身两
侧置对称的铺首衔环。盖顶饰以柿蒂纹，
器身饰以弦纹。此樽造型稳重，羊钮、虎
足造型生动，相得益彰。

25　西汉鎏金铜盆

口径 15.7、底径 7.8、高 4.1 厘米
1985 年邗江区甘泉姚庄 101 号汉墓出土
扬州博物馆藏

宽沿，浅弧腹，平底，矮圈足。内底、内外壁均錾刻繁密细腻的云气纹。腹部饰两道弦纹，器表、口沿及底圈各饰一道锯齿纹。腹通体鎏金，现已褪剥。此盆铸造精良，錾刻工艺精湛。

26　新莽铜井

口径 8.8、底径 12.3、高 20 厘米

1986 年邗江区西湖花园生产队新莽墓出土

扬州博物馆藏

方唇口，折肩，桶状深直腹，平底。肩部饰大锯齿纹，井身饰五道弦纹。铜井造型朴实无华，保存较好，甚为少见。

27 | 东汉环列式神人瑞兽纹铜镜

直径 19.2、厚 0.4 厘米

原高邮县文化馆移交

高邮市博物馆藏

圆钮，圈带钮座。镜背以锯齿纹分隔两区，内区浮雕四组环绕状神人瑞兽纹，外区以半圆、方枚相间环状排列，方枚间有四字铭文。镜缘以弦纹相间，分饰神人瑞兽纹及菱形纹饰。此镜纹饰清晰繁缛，镜面光亮可鉴，殊为难得。

28 | 东汉七乳禽兽纹铜镜

直径 20.5、厚 0.5 厘米

1994 年仪征市刘集镇白羊山出土

仪征市博物馆藏

圆钮，圆钮座。座外环列九乳及云纹，再外为以三周短斜线纹为间隔的凸起宽圈带和主纹饰带。主纹为以乳钉相间的七组禽兽纹，乳钉环绕圆圈，圈内饰一对展翅鸟，禽兽纹左旋顺序分别为青龙、瑞兽、坐熊、白虎、鹿、山羊、怪兽，周围填以云气纹，外一周短斜线纹。缘饰锯齿纹及双线折纹。此镜纹饰精美，保存完好，堪称同类镜中之佳品。

29 东汉龙虎纹铜镜

直径 11.8、厚 0.9 厘米

1981 年仪征市胥浦乡甘草山出土

仪征市博物馆藏

大圆钮，圆钮座。主纹为高浮雕龙虎图案，龙虎互相对峙，刻画细腻，四周间饰云气纹。在两周弦纹外饰一周短斜线纹。缘饰云气纹。此镜镜体厚重，镜面光亮，品相完美，是东汉镜中的精品。

30 | 东汉"延和二年"螭首铜带钩

全长 15.7 厘米

1990 年江都区吴堡乡花六方村出土

扬州博物馆藏

螭首形钩头，弯钩较短，尾部扁平，背面中后部置一方钮，钮下方以阴线刻长方边框，框内阴刻"延和二年五月三日丙午作钩辟五存"十五字。"延和"乃东汉桓帝刘志的年号，时为公元148年。

31 | 东汉铜卡尺

长 13.3 厘米

1992 年邗江区甘泉街道姚湾村顺利东汉墓出土

邗江区文物管理委员会办公室藏

该卡尺由主尺（固定尺）、副尺（活动尺）和导销三部分组成，固定尺上端鱼形柄，饰鳞状纹，其尾部有小孔。在固定尺中间开一导槽，槽内置导销，导销可循着导槽左右移动。在活动尺与活动卡爪间接一环形拉手，以便于操作卡尺测量。使用时，通过活动尺的左右移动，可测量器物的直径、深度以及长、宽、厚等，较直尺方便精确。

32 | 晋"义熙四年"铭文铜鼓

直径 74.5、底径 73、高 44.5 厘米

征集

扬州博物馆藏

鼓整体造型呈圆桶形，平面，束腰，底圈外撇。鼓面以三弦或二弦晕分成五区，距离不等。鼓面中心饰太阳纹，光体中部呈圆饼形，光芒四射。晕圈中饰以细小密集凸起的云雷纹。鼓面边沿下折，形成垂檐。面沿大致等距离对称，环立青蛙四只。铜鼓底足内壁刻有铭文"义熙四年十月虞军官鼓广三尺五分前锋宁远□率行□曹杜□"。此鼓为广西、云南一带少数民族使用的物件，其铸造精良，时代明确，可作为铜鼓断代的标准器。

33 | 西晋夔凤纹铜镜

直径 16.8、厚 0.3 厘米

1981 年仪征市胥浦乡西晋墓出土

扬州博物馆藏

大圆钮、圆钮座，窄平素边。座外饰变形柿蒂纹，柿蒂叶内各饰一兽，叶间以四对夔凤纹相隔。其外环以浅刻内向连弧纹，弧内饰神兽。镜缘饰折枝鸟兽纹。此物为西晋墓出土，保存较好，背面纹饰密布，为研究西晋时代的铜镜提供了实物依据。

34 | 南朝弦纹铜灯

盘径 13.8、高 10 厘米
1993 年江都区果园场出土
江都区博物馆藏

铜灯由灯盏和灯座组成。灯盏杯形、侈口、束腰，下有插柄。灯座含插座、灯盘和圈足。插座倒喇叭形，灯盘侈口，小唇边，浅弧腹，圈足外撇。通体素面，仅在盏杯口内外各饰一道弦纹，插座饰十三道竹节纹，灯盘内饰三道弦纹。此灯造型精美别致，制作工艺精湛，是南朝铜灯中的精品。

35 唐海兽葡萄纹铜镜

直径 20.7、厚 1.94 厘米
1972 年邗江区槐泗公社建设大队温庄生产队出土
扬州博物馆藏

兽钮,高镜缘。背以葡萄纹为地纹,以弦纹高圈将纹饰分为内外两区,内区高浮雕八兽和禽,外区环列一周同向环绕的瑞兽、鸾鸟等动物纹饰,镜缘处饰一周连枝花卉纹。铜镜铸造极为精致,纹饰繁缛富丽,细致生动。

36 | **唐打马球纹菱花形铜镜**

直径 19.4、厚 0.95 厘米

1965 年邗江区泰安金湾坝工地出土

扬州博物馆藏

菱花形，圆钮，高镜缘。主体纹饰为四名骑士手持鞠杖，跃马奔驰，作击球状。其间衬以高山、花卉纹。菱花瓣间饰蜜蜂、折枝花卉纹。该镜造型完美，铸造生动，具有鲜明时代特征，为唐镜中不可多得的佳品。

37｜唐真子飞霜纹铜镜
直径 15.3、厚 0.4 厘米
扬州文物商店征集
扬州唐城遗址博物馆藏

八瓣葵花形。镜背上部纹饰为云山半月，云山下面为一只展翅翱翔的仙鹤。中部左侧为一人端坐于竹林间抚琴，右侧为一只鸾鸟于树下翩翩起舞。下部纹饰为池水山石，水池中间荷柄向上伸出一片硕大的荷叶，叶中一卧龟，龟与叶巧妙构成镜背中心的钮与钮座。

38 | 唐云龙纹铜镜

直径 14.9、厚 0.5 厘米
扬州文物商店征集
扬州唐城遗址博物馆藏

圆形，圆钮，窄平素缘。钮外三朵流云间浮雕一腾龙，龙口大张，口衔镜钮，身被鳞甲，四肢或直或曲，龙尾与后肢相纠结。整镜厚重，包浆呈深黑色，为中唐时期铜镜中的精品。

39 | 唐雀绕花枝纹菱花形铜镜

直径 11、厚 0.8 厘米

扬州文物商店征集

扬州唐城遗址博物馆藏

菱花形，圆钮，窄凸缘。主体纹饰为雀绕花枝纹，四鸟形态各异，二鸟振翅而立，二鸟站立。鸟间饰折枝花纹。菱花瓣间饰以折枝花和云纹。此镜铸造精细，保存完好，为唐镜精品。

40 **唐"万上"铭铜马蹬**

上宽 5.2、下宽 13.9、高 30.5 厘米

1978 年扬州市汶河路"782"人防工程

扬州博物馆藏

马蹬铜质，上部为长方形柄，有长方形穿孔。下部为踏蹬，踏蹬处宽而平。蹬柄刻有"万上"二字，极为少见。

41　北宋仙山瀛海纹铜镜

直径 20.3、厚 0.4 厘米

扬州文物商店征集

扬州唐城遗址博物馆藏

圆形，圆钮。镜背云水纹为地，以四座层峦叠嶂的山岳将纹饰分为四区，四山间饰仙女、瑞兽、摩羯鱼和骏马。仙女长发飘拂，双臂上举，瑞兽、摩羯鱼昂首张口，骏马作奔跑状。此镜构图奇特，不可多得。

42 | 元"潭州杂造提举司"印

底径 11.1、厚 0.9、高 9 厘米

1979 年扬州市平山堂附近出土

扬州博物馆藏

印圆形,中间附一铜柄,正面篆书印文为"潭州杂造提举司之印"。边框外饰回纹。背面刻有铭文,左为"中书礼部治平三年十二月",右为"潭州杂造提举司印"。此印为元末农民起义军领袖徐寿辉建立政权时使用过的铜印。

43 | 元"宣慰使司都元帅府"铭夜行铜腰牌

通长 17.2、宽 14、厚 0.7 厘米

1951 年扬州市南门出土

扬州博物馆藏

圆形，上有叶蒂及穿孔。正面铸楷体字，竖排四行，自右向左铭文为"公务急速 宣慰使司都元帅府 持此夜行 玄字拾号"。背面右侧铸一行阿拉伯文"违者杀"，左侧铸一行八思巴文"必诛灭"。夜行铜牌在全国不多见，对研究元代政治、军事和文化具有重要的价值。

44 **明"张鸣岐制"款铜手炉**

直径 9.8、高 7.3 厘米

捐赠

扬州博物馆藏

直口，扁鼓腹，圆底内凹。盖镂空成网状，与炉口扣合。底部阴刻篆书"张鸣岐制"方款。此物保存完美，铸工精良，为名匠张鸣岐所制。

45 | 明鱼纹铜腰牌

长 11.7、宽 9 厘米

1973 年仪征市曹山乡曹家山出土

仪征市博物馆藏

圆形，上部为葵花形叶蒂，有一椭圆形孔。牌正面铸四行竖排阳文楷书"凡遇直宿者悬带此牌出皇城四门不用　厨子"。背面为首尾相对的阴阳鱼纹，阳纹鱼眼、鳍、尾、鳞表现逼真、细腻。腰牌纹饰生动，铭文清晰，对研究明代官方安全通行制度有一定意义。

玉器

01 春秋夔龙纹白玉璜

长 8.9、宽 2.6、厚 0.5 厘米
1981 年邗江区甘泉军庄汉墓出土
扬州博物馆藏

玉璜呈白色，和田玉质。单面片雕，正面琢雕背向两龙，中间以勒槽分割，四周出脊，龙口微张，舌上卷作开口的穿孔。龙身以浮雕卷云纹、阴线云纹等组合成整体纹饰。该璜玉质莹润，纹饰雕工精美，为同类玉器之罕见。

02 | 战国夔龙纹青玉觽

长 8.3、宽 3.3、厚 0.3 厘米
1991 年邗江区甘泉乡姚湾村巴家墩汉墓出土
扬州博物馆藏

玉觽呈青色，状若蛹形。双面片雕，前端有一钻孔。其头部上下出脊，以斜刀减地的浅浮雕手法琢饰回首龙头，龙之须、眉及鬓毛修长。龙身以绚纹饰边，前端饰一组双勾阴刻三角形折线纹，余饰一组大小相随的龙首纹，局部作斜刀减地处理。

03 ｜ 战国夔龙纹青玉觿

长 8、宽 1.3 ～ 2.9、厚 0.4 厘米

1991 年邗江区甘泉乡姚湾村巴家墩汉墓出土

扬州博物馆藏

玉觿呈青色。双面片雕，前后各有一钻孔。其头部上下出脊，以斜刀减地的浅浮雕手法琢饰回首龙头，龙之须、眉及鬃毛修长；龙身以绚纹饰边，前端饰一组双勾阴刻三角形折线纹，余饰两面不一，在孔小的一面饰一组大小相随的龙首纹，而在孔大的一面却仅饰一全身之龙，皆作局部斜刀减地处理。

04 | **战国绞丝纹玉环**

外径 5.1、内径 1.3、厚 0.2 厘米

1999 年仪征市新集镇庙山村赵庄西汉墓出土

仪征市博物馆藏

玉色青白，边缘略薄。两面雕琢绞丝纹。玉质温润，局部有黄褐色沁斑。此环玉质较佳，琢刻工艺精准，绞丝纹雕琢细腻，线条流畅，具有典型的战国风格。

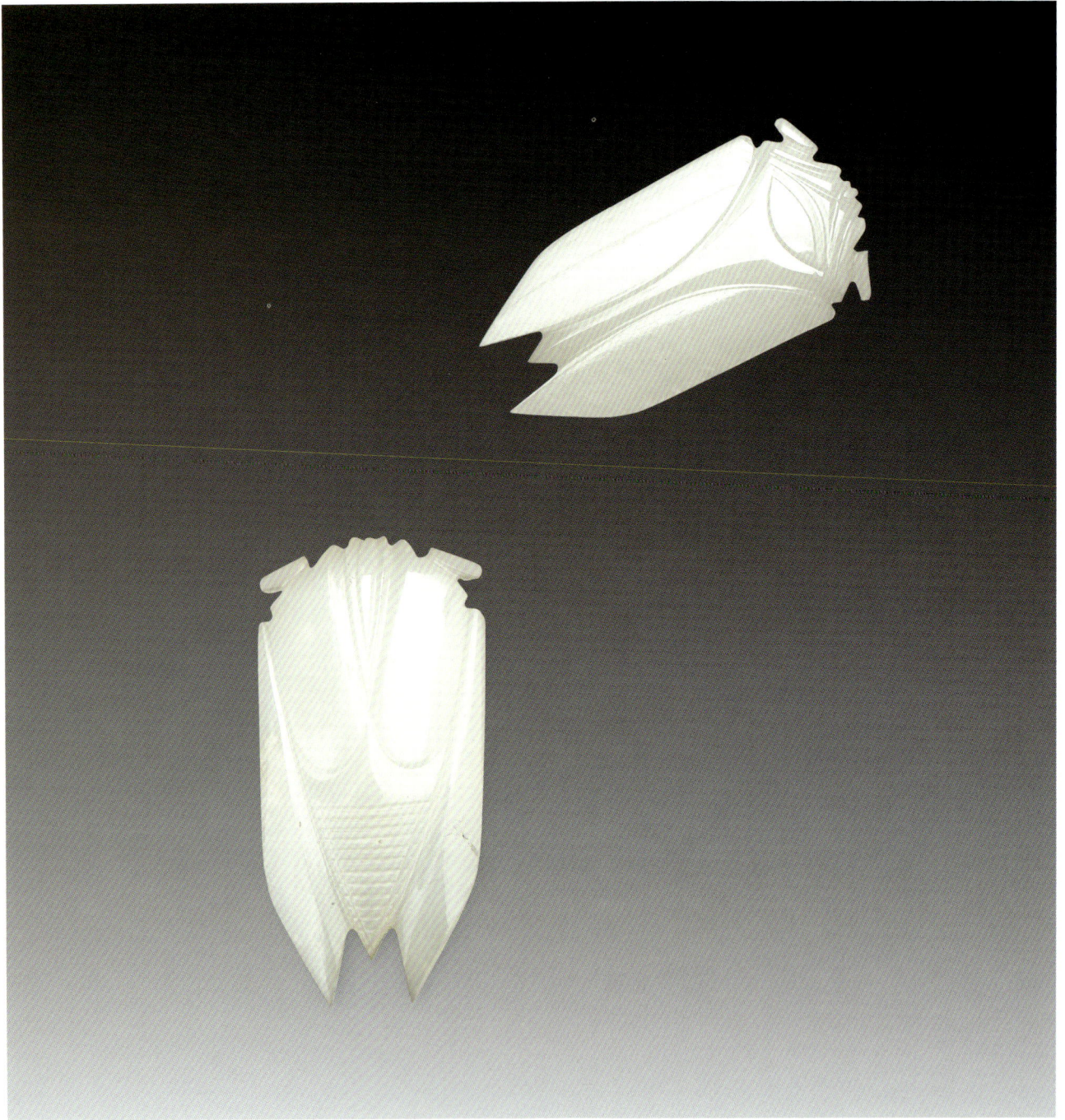

05 **西汉蝉形白玉琀**

长 5.6、宽 2.8、厚 0.65 厘米

1988 年邗江区甘泉姚庄 102 号西汉墓出土

扬州博物馆藏

玉蝉质地洁白，和田玉质。蝉头部略呈弧形，眼目突出，嘴角分明，羽翼清晰，腹部刻有十二道弧形内凹的横纹。此琀雕琢工艺精良，用刀明快，玉质明亮清澈，玲珑可爱，为汉代白玉中少见的精品。

06 | **汉串饰**
高 0.5～1.5、宽 0.8～1.5 厘米
1988 年邗江区甘泉乡老山村姚庄出土
扬州博物馆藏

串饰由九种微雕组成，分别为"工"字形琥珀饰、羊形煤精饰、腰鼓形玛瑙饰、兽首瓶身形琥珀饰、鸟形煤精饰、方胜形玉饰、扁壶形玉饰、八角形玛瑙饰，其中尤以煤精羊、鸟生动传神，较为少见。

07 | 西汉猪形青玉握（一对）

长 11.4、宽 2.6、高 2.8 厘米
1984 年邗江区杨寿镇宝女村宝女墩汉墓出土
邗江区文物管理委员会办公室藏

青玉质。玉猪作伏卧状，吻部突出，前后蹄皆屈收腹下、短尾，吻下及尾部各有一小穿孔，背部滚圆，以"汉八刀"技法雕出双耳、四肢等部位。玉握质地晶莹，造型圆润丰满，用刀简洁明快，为汉代玉雕精品。

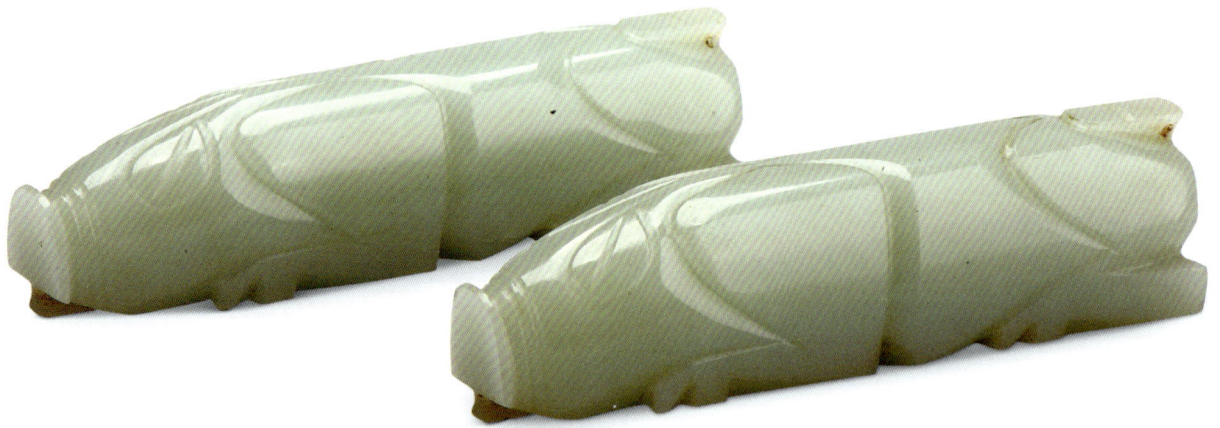

08 | **汉龙凤纹牒形白玉佩**

长 6.2、宽 5.5、厚 0.4 厘米

1998 年宝应县原天平乡戴墩汉墓出土

宝应博物馆藏

佩为白玉质，两面雕琢。椭圆形，顶部出尖，中有圆孔。两侧透雕龙凤纹，孔下浮雕螭纹。该佩设计别致，纹饰丰富，采用镂雕、减地浮雕、深雕、浅刻阴线等多种技法相结合，工艺全面，技艺精湛。

09 **西汉夔纹青玉璧**

外径 19.8、内径 4.6、厚 0.7 厘米
1980 年宝应县原天平乡八角墩出土
宝应博物馆藏

璧呈青色，和田玉质。内区为蒲纹，于蒲格上琢饰乳丁，外区以阴线刻夔龙纹。该璧选料较大，玉质清纯温润，雕工精细，线条流畅。

10 **西汉蚕纹青玉璧**

外径 17.3、内径 4.6、厚 0.6 厘米

2000 年高邮市天山悟空寺采石场采集

高邮市博物馆藏

璧呈青灰色，局部有白斑状侵蚀。内外缘阴刻弦纹为界，其内为蒲纹，于蒲格上琢饰蚕纹。此璧雕琢精细，制作规整，蚕纹排列细密整齐，为汉代玉器精品。

11 | 西汉龙形青玉佩

直径 3.5、厚 0.3 厘米

1997 年仪征市刘集镇联营村 4 号汉墓出土

仪征市博物馆藏

佩为青玉琢制，泛黄，局部有黑色沁斑。双面对称雕琢成口衔尾的龙纹，龙身蜷曲呈环形。龙双目圆睁，吻部突出，角向后。通体阴刻细密鳞纹和网格纹，镂雕三个弯趾呈"人"字形的龙爪。首尾衔咬处和尾足处各有镂孔。此佩玉质温润，设计巧妙，雕琢精湛，是汉代玉雕珍品。

12 西汉谷纹青玉璧

外径 11.6、内径 4.8 厘米
1981 年仪征市胥浦镇甘草山七星村西汉墓出土
仪征市博物馆藏

璧为青玉琢制，局部有黑褐色沁斑。两面雕琢纹饰相同，均在浅蒲纹上加饰谷纹，谷纹排列整齐。璧玉质温润，琢雕精细，纹饰规整，是玉璧中的精品。

13 **西汉谷纹青玉璜（一对）**

长 11.9、宽 2.3 厘米

1990 年仪征市张集乡团山 1 号汉墓出土

仪征市博物馆藏

璜皆为青玉琢制，泛黄色，有褐色沁斑。双面片雕，于蒲纹上琢饰凸起的谷纹，中部穿一孔，四周出脊。此璜玉质温润，琢雕精细，饰纹清晰，具有鲜明的时代风格。

14 | **东汉螭龙纹环形玉佩**

外径 10、内径 4.7、厚 0.4 厘米
1984 年邗江区甘泉老虎墩东汉墓出土
扬州博物馆藏

玉佩青灰色，和田玉质。质地温润，边缘有红黄相灰褐色
沁色各一处。全器以一首尾相接的龙圈曲两周，小螭缠绕
龙身。该器构思巧妙，工艺精细，系装饰佩玉，为东汉玉
器之精品。

15　东汉辟邪形玉壶
宽 6、厚 4.5、壶高 6.8、通高 7.7 厘米
1984 年邗江区甘泉老虎墩东汉墓出土
扬州博物馆藏

和田白玉质。整体造型为一跪坐状辟邪，手托灵芝仙草。头顶开圆口，上置环钮银盖，中部掏空。身刻细圆圈纹、羽毛纹。此玉壶集圆雕、镂空、浮雕、阴线细刻手法于一体，为东汉玉器的杰作。

16 东汉"宜子孙"螭凤纹璧形玉佩

直径 7、厚 0.4、高 9 厘米

1984 年邗江区甘泉老虎墩东汉墓出土

扬州博物馆藏

玉佩呈灰白色。双面琢镂成器。廓外附琢一凤，凤腹下雕"宜"字，璧廓内琢双螭，首尾相连处分别镂雕"子""孙"二字。玉佩设计巧妙，制作精良，弥足珍贵。

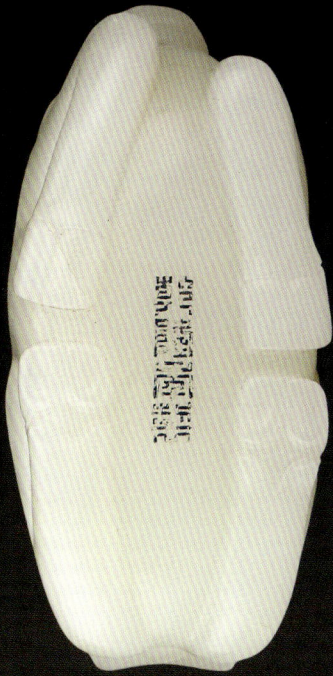

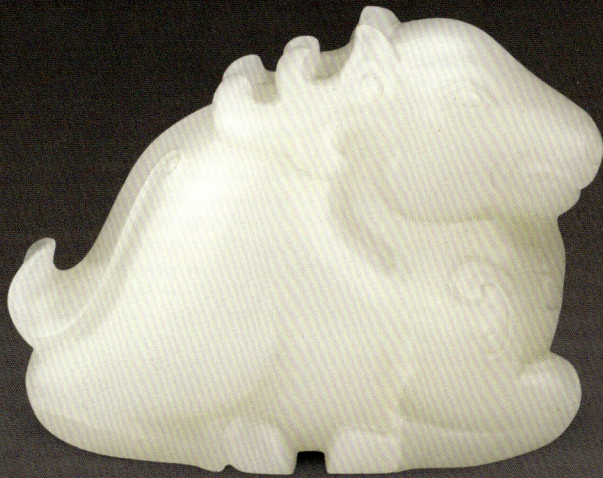

17 清羊脂白玉羊形玉饰

长 7.7、宽 3.8、高 6.1 厘米

扬州市文物商店征集

扬州博物馆藏

白玉羊作卧伏状，角呈鹿角形分叉，抬头平视，神态安详，下颚处留有一撮细长胡须，胸前有浅刻线五道，尾上卷。底有涂蓝"乾隆年制"刻款。此羊玉质温润可爱，做工精细，线条流畅自然。

长 5.3~13.1、宽 2~5.6、厚 0.7~0.8 厘米
1968 年邗江区杨庙乡殷湖村出土
扬州博物馆藏

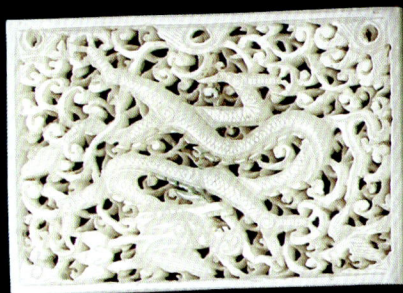

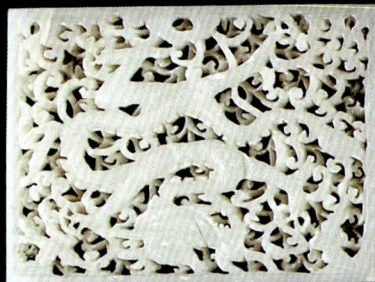

带板青玉质，共十七块。双层镂空透雕。
其中十五块带板主纹为云龙纹，龙身瘦长
形，其爪为球形，龙头上方均饰有如意云
纹，在龙纹空隙处均间饰鸾鸟和云草纹。
另外二小块带板饰鸾鸟纹。带板玉质温

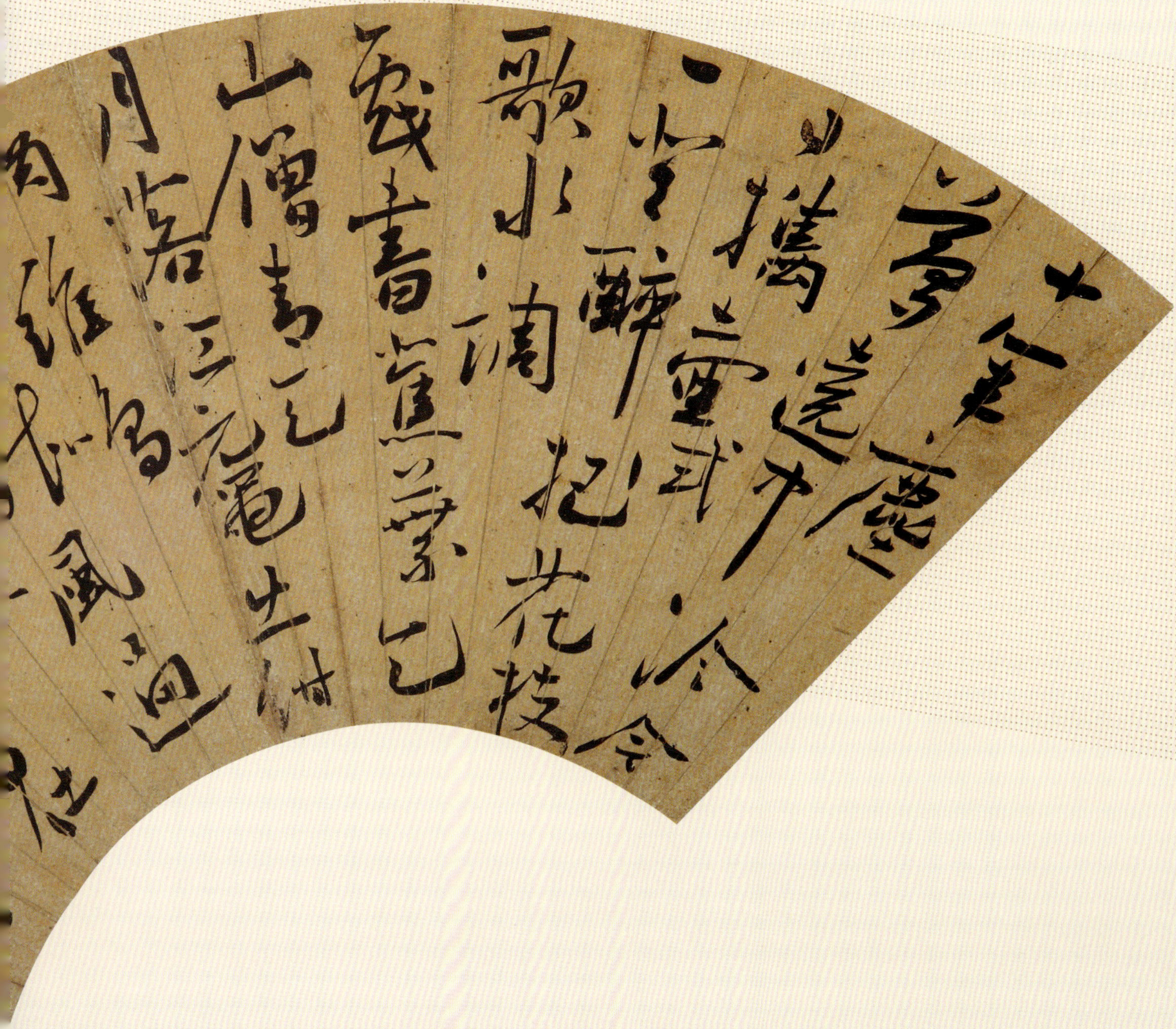

十年一覺

揚遠

空醉

歌舞

嚢書

一僧書

月落三尼庵士廿

肉維心勾風迥

杜

书画

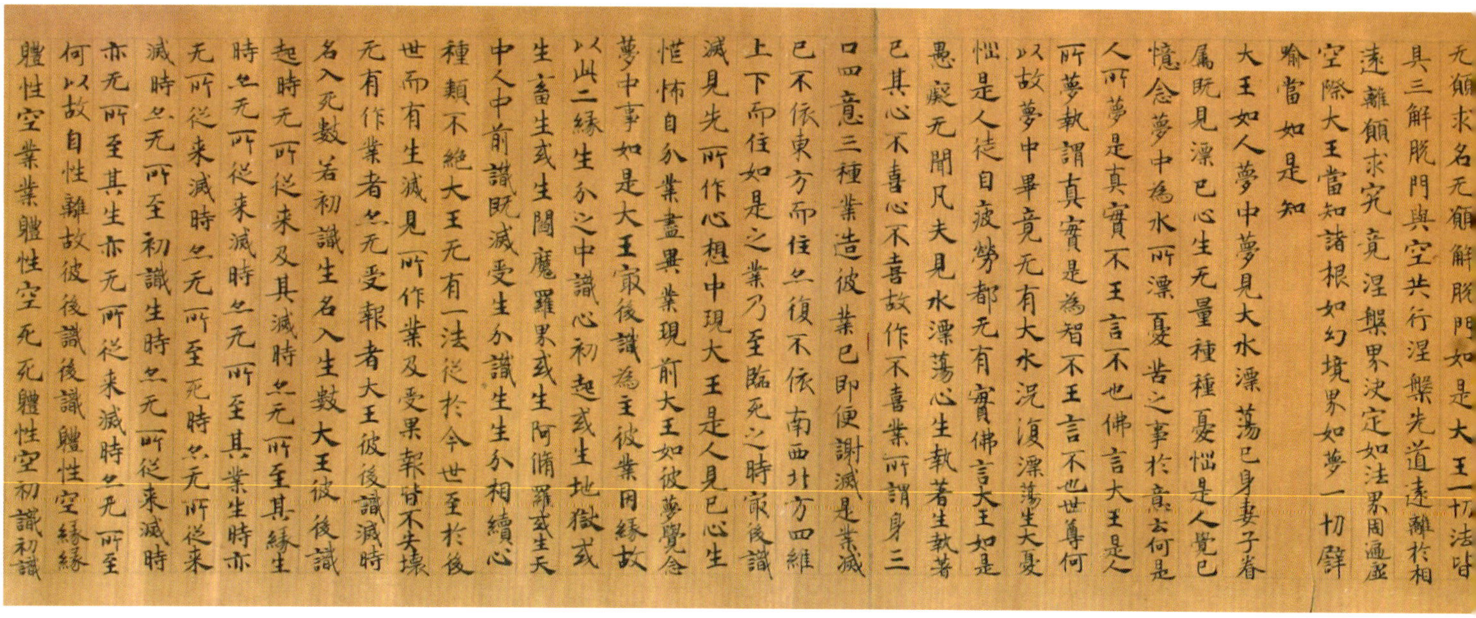

01 唐 菩萨见宝三昧经卷第十三

纸本

纵24、横220厘米

扬州博物馆藏

唐人所书《菩萨见宝三昧经卷第十三》，通篇字体工整，行笔自如流畅，笔意高古，殊为难得。

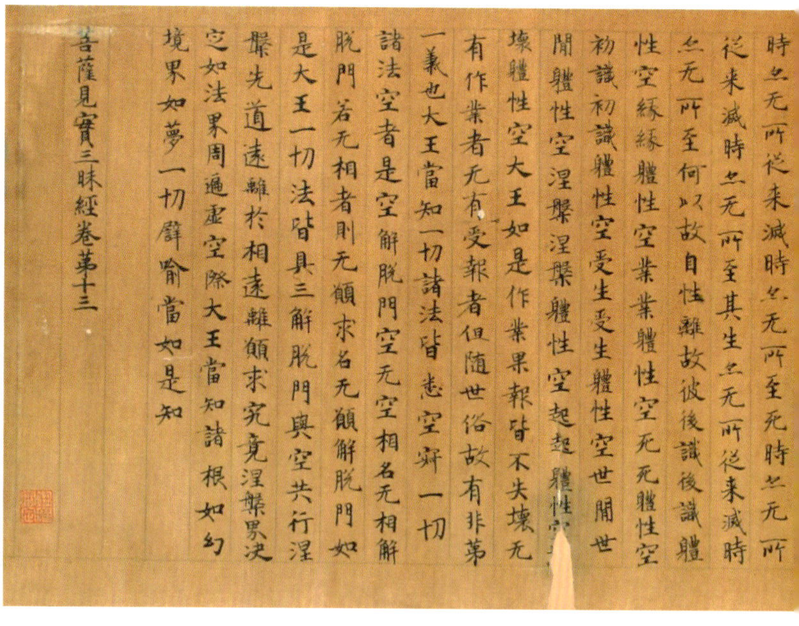

諸根如幻境界如夢一切譬喻當如是知大
王如人夢中夢見幻師幻作五欲自見已身
與彼圍遶共相娛樂是人覺已不見五欲便
憶夢中五欲之樂於意云何是人所夢是真
實不王言不也大王於意云何是人所夢
中畢竟無有幻師況復幻作五欲迷相娛樂
是人徒自疲勞都無有實佛言大王如是愚
癡無聞凡夫見是色已生重起受染著心生
染著已作於染著業所謂業所謂業所
造彼業已即便謝滅是業滅已不依東方而
住亦復不依南西北方四維上下而住如是
想中現大王是人見已心生受著自分業盡
之業乃至臨死之時最後識滅見先所作心
滅受生分復心種類不絕大王
閻魔羅界或生阿備羅界或生天人中前識滅
無有一法從於今世至於後世而有生滅見
所作業及受果報皆不失壞无有作業者
无受報者大王識為主彼業因緣故以此二緣生
大王最後識為主彼業因緣故以此二緣生
識生名入生數大王彼後識滅時無所從來
滅時亦无所至其業生時亦无所從來
亦无所至初識生時亦无所從來滅時亦无
所至其生亦无所從滅時亦无所從來
減時亦无所至其業生時亦无所從
空業體性空起體性空无死體性空无生體性
空業體性空起體性空世間世間體性空
涅槃體性空起體性空世間體性空涅槃
如是作業果報皆起不壞不壞體性空
受報者但隨世俗故有非第一義大王當知

體性空業業體性空无死體性空无生初識
體性空受生體性空世間世間體性空
涅槃涅槃體性空起體性空體性空
離於相違離顛末究竟涅槃界沈空如法界
法皆具三解脫門與空共行涅槃先道違
大王如是作業果報皆不失壞无有作業者
无有受報者但隨世俗故有非第一義大天
王當知一切諸法皆悉空新一切諸法空者是
空解脫門空無空相名無相解脫門若無相
者則無所顧求名無顧解脫門如是大王一切
周遍畢空除大王當知諸根如幻境界如夢
一切譬喻當如是知
大王如人夢中自見已身飲酒憒醉無所覺
知不識罪福善惡尊卑早優若惡若優方
中竟无有酒況飲酒憒醉心是人徒自疲勞
是人徒自疲勞都無有實佛言大王如是
愚癡無聞凡夫夢見飲酒憒醉心執著
生執著已起深愛心染愛心作於染愛業所
實不王言不也大王於意云何是人所夢是真
夢中飲酒憒醉於意云何是人所夢是真
謂身三四意三種業造彼業已即便謝滅是
業滅已不依東方不依南西北方
四維上下而住之業乃至臨死之時最後
後識滅見先所作心生愛著自分業盡異現前大王是人見已
覺念夢中事如是大王如彼業目
緣故以此二緣生大王地獄或生天中畜生或生
獄或生天中人中畜生或生閻魔羅界或
生天中人中畜生或生閻魔羅界或
續故以此二緣生分之中識心初起或起大王
覺念夢中事如是大王如彼業目
心生愛著自分業盡異現前大王是人見已
後識滅見先所作心生滅見
四維上下而住之業乃至臨死之
業滅已不依東方不依南西北方
謂身三四意三種業造彼業已即便謝滅是
實不王言不也大王於意云何是人所夢是真
生執著已起深愛心染愛心作於染愛業所
是人徒自疲勞都無有實佛言大王如是
愚癡無聞凡夫夢見飲酒憒醉心執著
中竟无有酒況飲酒憒醉心是人徒自
知不識罪福善惡尊卑早優若惡
大王如人夢中自見已身飲酒憒醉無所覺
一切譬喻當如是知
覺念夢中事如是大王如彼業目
緣故以此二緣生大王地獄或生天中畜生或
獄或生天中人中畜生或生閻魔羅界或
生天中人中畜生或生閻魔羅界或
續心種類不絕大王无有一法從於今世至
於後世而有生滅見所作業及受果報皆不
失壞无有作業者亦无受報者大王彼後識
滅時名入生數若初識生名入生數大王彼

寒皋独立处 细雨湿玄冠 故故
作人语难同凡鸟看 沈周

02 明沈周 枯木鸲鹆图轴

纸本墨笔

纵 152、横 27.4 厘米

扬州博物馆藏

题识：寒皋独立处，细雨湿
玄冠。故故作人语，难同凡
鸟看。沈周

钤印：石田(白文)、
启南（朱文）

此图绘枯树枝上一只八哥回
首凝望，构图简洁，笔墨苍
润，浓淡得当，生趣盎然。

03 ｜ 明杜堇 绿蕉当暑图轴

纸本设色
纵 97、横 45 厘米
扬州博物馆藏

题识：醉来写兴上骚坛，欲
把江潮口吸干。洗得句无烟
火气，绿蕉当暑亦生寒。柽
居杜堇
钤印：青霞亭（朱文）
杜堇，本姓陆，字惧，号柽
居、古狂，江苏丹徒人，寓
居北京。擅长设色人物。
此幅为小写意画法，笔法秀
逸，构图简洁，巨石与芭蕉
间，一老者与一侍童各持画
卷一端，正入神凝视。文秀
之气溢于画面。右上题张孝
思跋文。

04 明文徵明 沧州诗意图轴

绢本墨笔

纵 60.4、横 38.8 厘米

扬州博物馆藏

题识：空江雨画涌潮头，野岸青枫轻水流。芳杜满汀人寂寂，十分诗意在沧州。徵明

钤印：徵明（白文）、停云（白文）

画面远景数峰耸立，近景山坡树林中立一草亭。造境清旷幽寂，笔墨疏放。

05 明董其昌 行书卷

纸本
纵 243、横 29 厘米
江都区博物馆藏

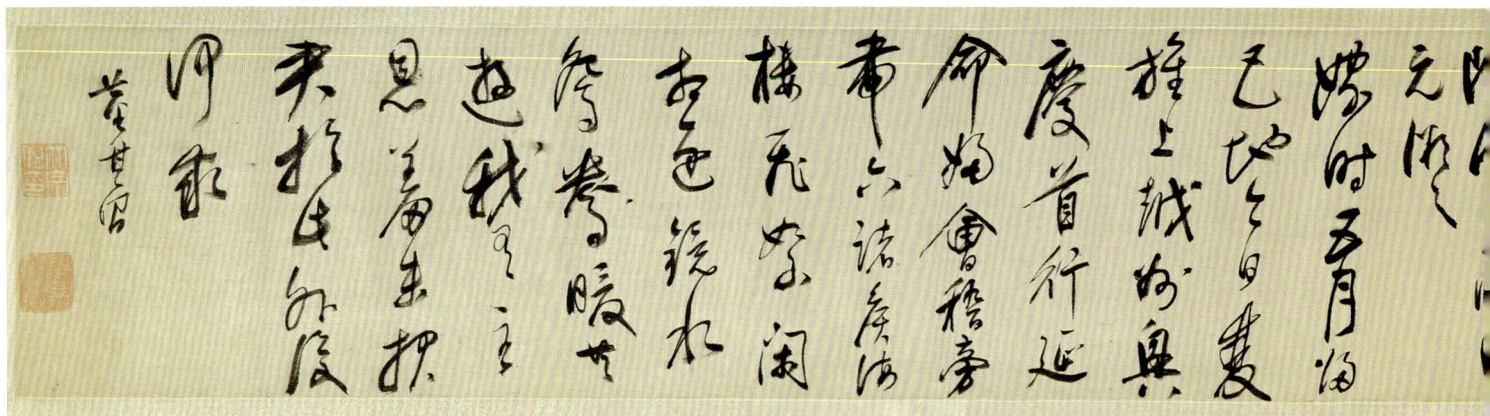

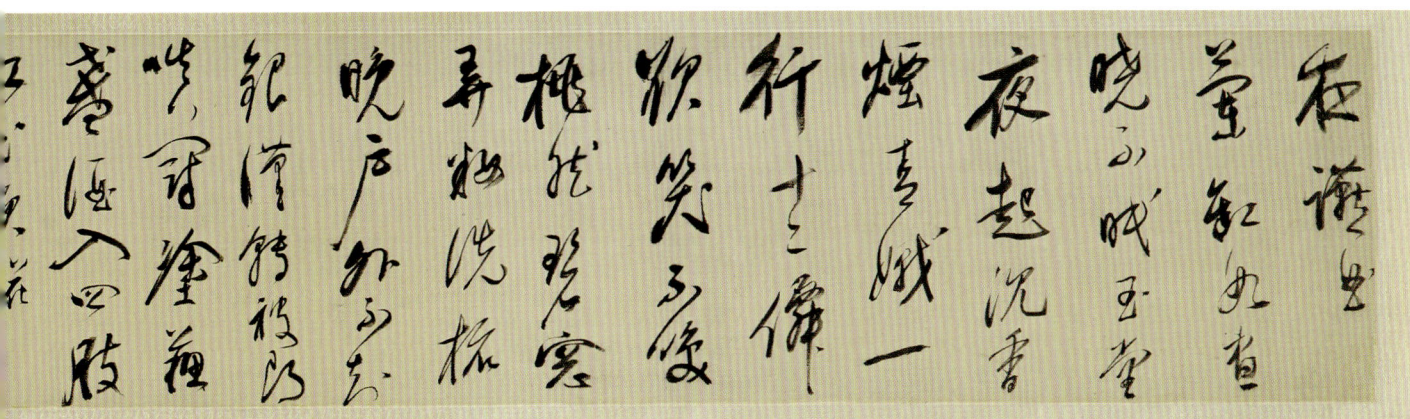

释文：夜宴曲　兰缸如昼晓不眠，玉堂夜起沉香烟。青娥一行十二仙，欲笑不笑桃（花）然。碧窗弄妆洗梳晚，户外不知银汉转。被郎嗔罚涂苏盏，酒入四肢红玉软。

除浙东　晓内元微之　嫁时五月归巴地，今日双旌上越州。兴庆首行延命妇，会稽旁带六诸侯。海楼飞絮闲相逐，镜水鸳鸯暖共游。我有主恩羞未报，君于此外复何求。董其昌

钤印：大宗伯印（白文）、（白文不详）

此卷行草书，用笔通篇酣畅淋漓，洒脱自然，气韵好，通篇俱佳。

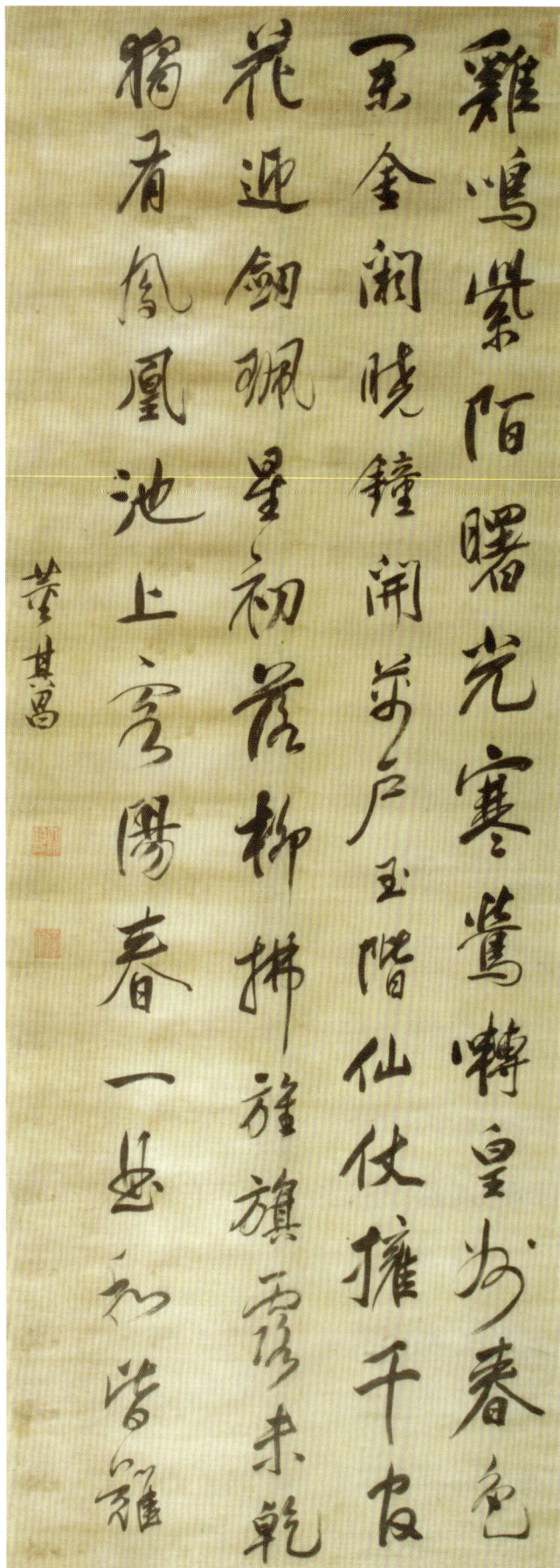

06 明董其昌 行书七律诗轴

绫本
纵 305.1、横 112.3 厘米
扬州博物馆藏

释文：鸡鸣紫陌曙光寒，莺啭皇州春色阑。金阙晓钟开万户，玉阶仙仗拥千官。花迎剑佩星初落，柳拂旌旗露未干。独有凤凰池上客，阳春一曲和皆难。董其昌

钤印：玄赏斋（朱文）、
大宗伯印（白文）、
玄宰氏（白文）

此件书法用笔委婉圆浑，结体秀丽典雅。

07 | 明董其昌 行书七绝诗轴

绫本
纵 120、横 51.5 厘米
扬州博物馆藏

释文：拟将金甲寄春农，阡陌军容细柳同。如此四郊朝渡虎，岂令三辅叹飞鸿。其昌

钤印：玄赏斋（朱文）、
（朱文不详）

此幅行书章法疏密相间，结体的美与行间的空白造成萧散简远的意趣，完全展示了其秀逸虚灵的书法风貌。

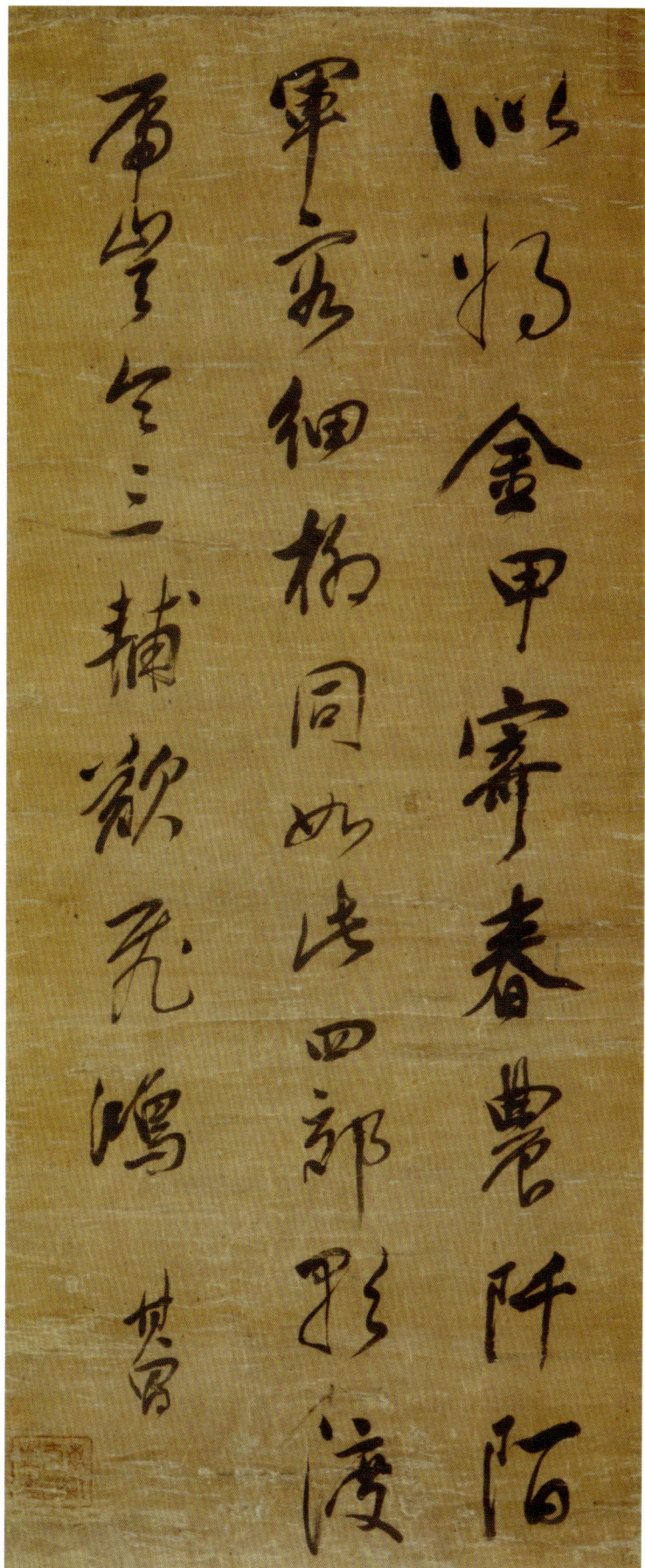

08 明张路 松下停琴图轴

绢本墨笔

纵 151.5、横 81.1 厘米

扬州博物馆藏

题识：平山

画面右侧一古松参天而立，松下一儒士倚坐树旁，目视前方，身后置一古琴。用笔硬健挺拔，具有强烈的力感，代表明代前期"浙派"典型风格。

09 明陈洪绶 听吟图轴 ▶

绢本设色

纵 78.8、横 47.9 厘米

扬州博物馆藏

题识：老莲洪绶

钤印：老莲（朱文）、

陈洪绶印（白文）

陈洪绶（1598~1652年），字章候，号老莲，晚年号悔迟，浙江诸暨人。早年师承蓝瑛，所作花鸟、山水构图新奇，色彩浓丽，富于装饰情趣，人物画造型夸张，着意取神，是明末有突出成就的画家。

此图绘两老者对坐，持卷者吟哦，拄杖者聆听。画面布景设色清逸，气息恬静；人物形象奇伟，神态生动；线条清圆细劲，质朴沉厚。是其晚年佳作。

10 | **明唐志契 临白石翁山水轴**

绫本墨色

纵 86.4、横 43.3 厘米

扬州博物馆藏

题识：偶临白石翁笔 唐志契

钤印：字曰玄生（朱文）、

唐志契印（白文）

唐志契以《绘事微言》著称，此幅山水图近景绘杂树丛中置数间茅屋，中景、远景为峰峦重叠，楼台隐约其上。用笔简赅疏放，极具趣味。

11 | 明王亮 牡丹三鹂图轴

绢本设色

纵 144.3、横 48 厘米

扬州博物馆藏

题识：崇祯戊寅秋日写 王亮

钤印：王亮之印（白文）、彦明氏（朱文）

图中以没骨法绘牡丹、玉兰花、海棠花，下端
绘两只正在觅食的长尾鹊，海棠枝头一只八哥
作向下观望状。用笔工细，设色隽雅秀逸。

12 明吴承恩 宿金山寺诗扇页

金笺

纵 55.5 厘米

扬州博物馆藏

释文：十年尘梦绕中冷，今日携壶试一登。醉把花枝歌水调，戏书蕉叶乞山僧。青天月落江鼋出，绀殿鸡鸣海日升。风过下方闻笑语，自惊身在白云层。

钤印：射阳居士（白文）

吴承恩传世作品极少。此幅虽为扇页小品，但用笔流畅自然，极具功力，也是研究吴承恩生平的珍贵资料。

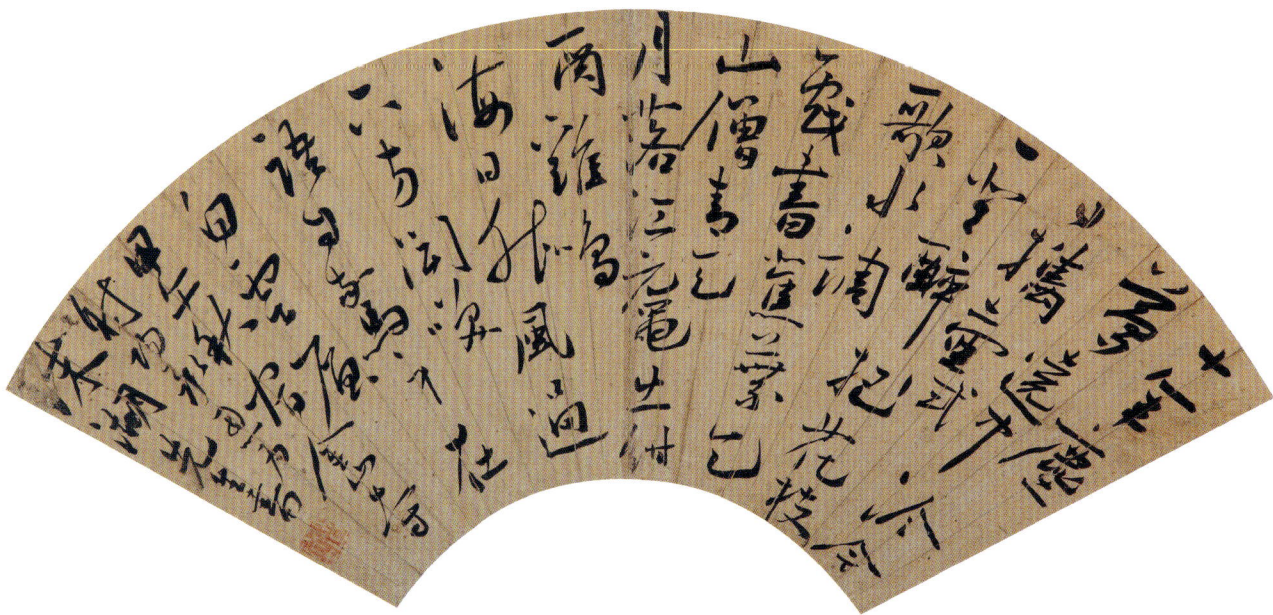

13 清张宗苍 嵩山古柏图轴 ▶

绢本设色

纵 181.5、横 118 厘米

扬州博物馆藏

题识：时乾隆癸酉春三月 篁邨弟张宗苍

钤印：张宗苍印（白文）、（白文不详）

此轴绘河南嵩阳书院内古柏，构图雄阔，气度恢宏，用笔富有变化。

嵩山古柏高三丈许围过之叶之属戊申时
珣为大将军者必在正内平秋余游太室
驻马于嵩阳书院整理前作瓮日用
居人小垒流以被案画地资其初似两归
夫椒立盖者萬有霁塘荘于之每霓遊
不可惧颇似伯此柏之偏实立令苍而彌茂
善為　錦（其余字迹模糊不辨）
日之已奉萬寿（模糊）寺托光天化
玉皇四天春　（模糊）
　　　笪部弟張（模糊）

14 ｜ **清郑燮 兰竹石图轴**

纸本墨笔

纵 134.5、横 72.5 厘米

江都区博物馆藏

题识：兰花与竹本相关，总
在青山绿水间，霜雪不凋春
不艳，笑人红紫作容颜。济
老年兄 板桥居士郑燮
钤印：郑燮之印（白文）、
淮夷长（白文）
此图作品为兰竹石的典型艺
术风格，整个画面为兰竹石
相依，左下方一假山石，数
丛兰花及竹枝错落有致，生
机勃勃。

15 清黄慎 采药老人图轴

纸本设色

纵 156、横 82 厘米

江都区博物馆藏

题识：有时带剑锄灵药，

　　　无事焚香对古松。

钤印：黄慎（白文）、

　　　躬懋（朱文）

画面中偏左画一素衣采药
老翁，用双手从左肩拽住
系带，背着葫芦、宝剑和药
材。目光下视，弓背屈腿，
神采奕奕。

16 清黄慎 人物图轴

纸本设色
纵 196、横 108 厘米
江都区博物馆藏

题识：壶中别有天　乾隆丙
子春三月瘿瓢子慎写
钤印：黄慎（白文）、
　　　瘿瓢山人（白文）、
　　　东海布衣（白文）
作者用怀素狂草书法入画，
行笔快而有力，细部仍不失
工写，图中脸、胡须精细勾
勒，用心设色，造型传神，
衣袂飘逸则狂草而成。

17 **清袁江 水殿柳风图轴**

绢本设色

纵 99.2、横 122.9 厘米

扬州博物馆藏

题识：杨柳风多水殿凉　邗上袁江画

图中山脉连绵，树木丛生，楼台殿阁刻画精整而不呆板。

嘉庆七年岁在壬戌夏月
沧州张赐宁

18 | **清张赐宁 山水图轴**
绢本设色
纵 235、横 109 厘米
江都区博物馆藏

题识：嘉庆七年岁在壬戌夏
月 沧州张赐宁
钤印：张赐宁印（白文）、
桂岩（朱文）
画面采用高远构图法，右侧和
上部画有高山，下方画有树
石、小船、流水、亭子、人
物，描绘的是山中夏日之景。

19 | **清张赐宁 秋山林屋图轴**

纸本设色

纵 238、横 121 厘米

扬州博物馆藏

题识：嘉庆丁卯秋七月写于十三峰草堂 桂岩张赐宁

钤印：宁（白文）

此图绘深秋山景，近处山坡一片树林，山脉由近及远，层次渐明，远处山峦起伏。章法新颖、用笔沉凝、渲染明洁。

其他

01 | **新石器时代骨耜**

长 23.5、宽 9.6 厘米
1986 年江都区周西乡李沈村出土
江都区博物馆藏

整体呈长条形，柄部窄而厚，上凿有一长方形孔，刃部薄而宽。该骨耜保存基本完好，对研究新石器时代文化和生产工具的形制有一定意义。

02 | **新石器时代石斧**
长 21.5、宽 9、厚 6 厘米
1980 年高邮市天山悟空寺采石场采集
高邮市博物馆藏

扁柱形体，刃部呈扁扇形，通体磨光。此斧形制较大，制作精良，保存完好，甚为难得。

03 │ 新石器时代有柄石刀

高 18.5、刃部长 26.5、厚 1.6 厘米
1981 年宝应县原水泗乡潘舍村出土
宝应博物馆藏

器呈三角形，一侧边近顶端处有柄。石刀刃部锋利，保存较好，器身有长期使用痕迹，或为破土之用。此物为扬州宝应地区早期文明的实物见证，对研究新时期时代南北文化交流有一定意义。

04 **商甲骨文残片**

长 6、宽 2.9 厘米

1958 年江苏省文物仓库拨交

扬州博物馆藏

此甲骨文残片为龟腹甲右桥下面部分，呈不规则片状，字迹清晰。有上下两条完整卜辞，上条为"丑卜 张贞王 宝 □ 亡尤"，下条为"丁酉卜张 贞王宝 父丁岁 十牛亡 尤在"，上下卜辞间有横线。另有残辞"贞乙"二字，共计二十六字。

05 **商甲骨文残片**

长 6、宽 3 厘米

1958 年江苏省文物仓库拨交

扬州博物馆藏

该片甲骨文残片为右牛胛骨部分，长方形，表面光亮，字迹清晰。除存完整卜辞"乙酉卜 燎六小牢 卯牛三"十字外，还有残文"其且 卯""卜"四字及卜兆的次序号三个"二"字，总计十七字。

06 | 西周麋鹿骨戈

长 13.7、援宽 3.4、内宽 4 厘米

1995 年仪征市陈集乡丁桥村神墩遗址出土

仪征市博物馆藏

戈为骨质。锋较圆润，援身起脊，长胡三穿，阑部凸起，内为不规则形，上有长方形和圆形穿各一。以麋鹿骨磨制而成的戈尤为罕见，具有重要的研究价值。

07 战国铅梳

长 5、宽 5.3 厘米
1972 年邗江区西湖胡场前庄战国墓出土
扬州博物馆藏

器背呈弧形，上有半圆形穿孔，扁平体。梳齿十枚，齿尖较锐利。该梳为铅质，造型别致，极为少见，对研究战国时期金属生活用品的铸制有一定的价值。

08　西汉羊头纹杏形金叶

长 4.8、宽 4.4、厚 0.3 厘米
2004 年邗江区杨庙二窑刘毋智墓出土
扬州博物馆藏

杏形，叶片状，整器以錾刻工艺制作而成。主体纹饰为一个头羊对剖而成的两个侧面，下部以穗状纹作分隔，叶尖处饰羊头图案，周边饰点线纹，边缘有8个小孔，系缝缀用。此金片与南越王汉墓出土的金片如出一辙，应是覆于墓主脸上"瞑目"所用。

09 西汉河平元年云气三熊纹漆盘

口径 27、高 6.5 厘米

1985 年邗江区杨寿镇宝女村宝女墩汉墓出土

邗江区文物管理委员会办公室藏

盘夹纻胎，敞口，平沿，鎏金铜釦口，折腹，平底。内腹壁髹黑漆，朱漆绘四组勾连云纹；内底髹褐色漆，底心黑漆绘三组熊纹，以菱纹和褐点勾边；外腹髹黑漆，朱绘四组连续云纹。外底朱漆隶书"中官"；外沿针刻隶书铭文："河平元年供工髹漆画工顺□工媄绀护忠□夫右丞谭护工卒史音省"。

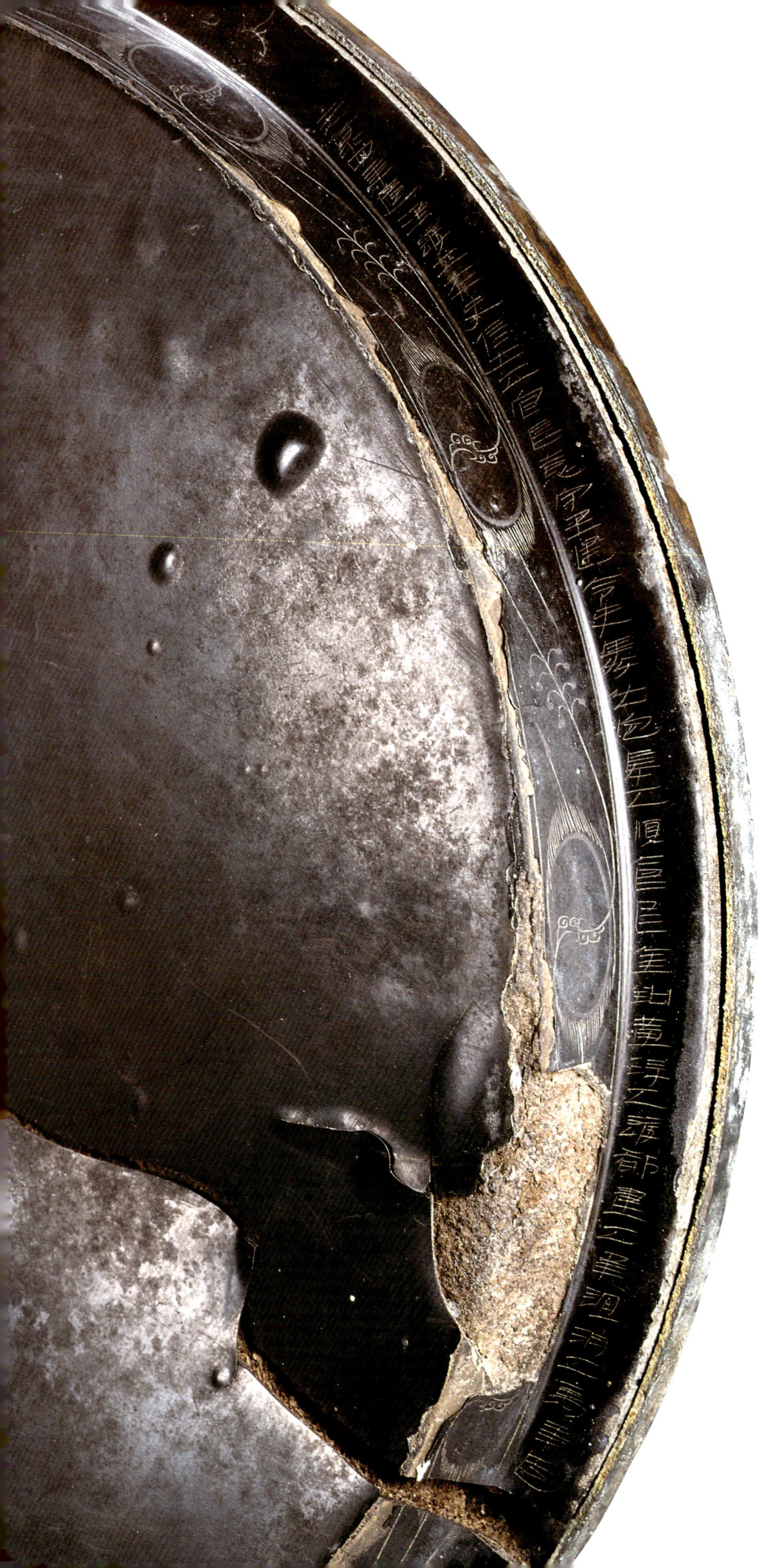

10 | 西汉元康四年山树云兽纹漆盘

口径 26.5、底径 24、高 2.5 厘米

1985 年邗江区杨寿镇宝女村宝女墩汉墓出土

邗江区文物管理委会员办公室藏

夹纻胎，敞口，平沿，鎏金铜釦口，浅直腹，平底。内腹壁髹黑漆，内底外圈髹朱漆，底心以针刻重菱形纹、篦纹各一周，与褐漆点纹相隔作边饰，中部为三等分的锥刻山树状卷云纹组饰，云纹内褐漆勾勒；外腹髹黑漆，针刻一圈连续山树状云气纹，周边以朱漆勾点。外底朱漆隶书"中官"；外沿针刻隶书铭文："元康四年广汉护工卒史佐上工官长意守丞建令史舜漆泡髹工顺食邑金釦黄涂工护都画工隶谊□工马年造"。

11 西汉元延三年彩绘云气三熊纹漆盘

口径 27、底径 12.7、高 6.5 厘米

1985 年邗江区杨寿镇宝女村宝女墩汉墓出土

邗江区文物管理委会员办公室藏

夹纻胎，敞口，平沿，鎏金铜釦口，折腹，平底。内腹壁髹黑漆，朱漆绘四组勾连云纹；内底髹褐色漆，底心黑漆绘三组熊纹，以菱纹和褐点勾边；外腹髹黑漆，朱绘四组连续云纹。外底朱漆隶书"中官"；外沿针刻隶书铭文："乘舆髹□画纻黄釦斗饭槃元延三年供工工强造画工政涂工彭□工章护臣纪□夫臣彭□臣承主守右丞臣放守令臣兴省"。

12 | **汉素面漆量**
长 42.9、宽 13、高 10.6、把手长 11.5 厘米
1985 年邗江区甘泉公社姚庄 101 西汉墓出土
扬州博物馆藏

木胎，平口，略成椭圆形，深斜腹，后部置一柱状把手，平底。通体髹黑褐漆。此量由整木刳成，漆色亮泽如新，殊为难得。

13 西汉彩绘夔龙纹漆耳杯

口长 15.5、宽 11.4、高 5 厘米

1985 年邗江区甘泉公社姚庄 101 号西汉墓出土

扬州博物馆藏

木胎，椭圆形杯身，斜弧腹、平底、
两耳微翘。器髹褐漆为地，用黑、灰
黑、米黄三色彩绘双耳和口沿及腹部
分别饰连续棱形几何纹图案，并相饰
不规整的弧线纹，内底中心饰一花叶
纹，以细线和圈点纹为界限，于四壁
呈对称分饰四组夔纹。

14 **西汉彩绘漆耳杯**

口 15.8、底径 13.4、高 5.3 厘米

1965 年仪征市张集西汉墓出土

仪征市博物馆藏

木胎，椭圆形杯身，斜弧腹，平底，两耳微翘。外髹黑漆，内髹红漆。两耳髹黑漆，绘红色圆涡纹。口沿外侧两条弦纹，内绘以红色圆涡纹。器身饰以四组弧线纹。

15 **西汉石虎**

石虎长 160、高 112 厘米；

底座长 144、宽 49.5、高 14 厘米

重约 2.5 吨

1986 年仪征市古井乡中心村王庄出土

仪征市博物馆藏

青石质，风化露筋。石虎置于长方形底座上，作行走状，昂首挺胸，眉、耳、眼、鼻和嘴清晰可见。该石虎形体硕大，气势雄伟，线条粗犷，气韵生动。本地区存量极少，十分珍贵。

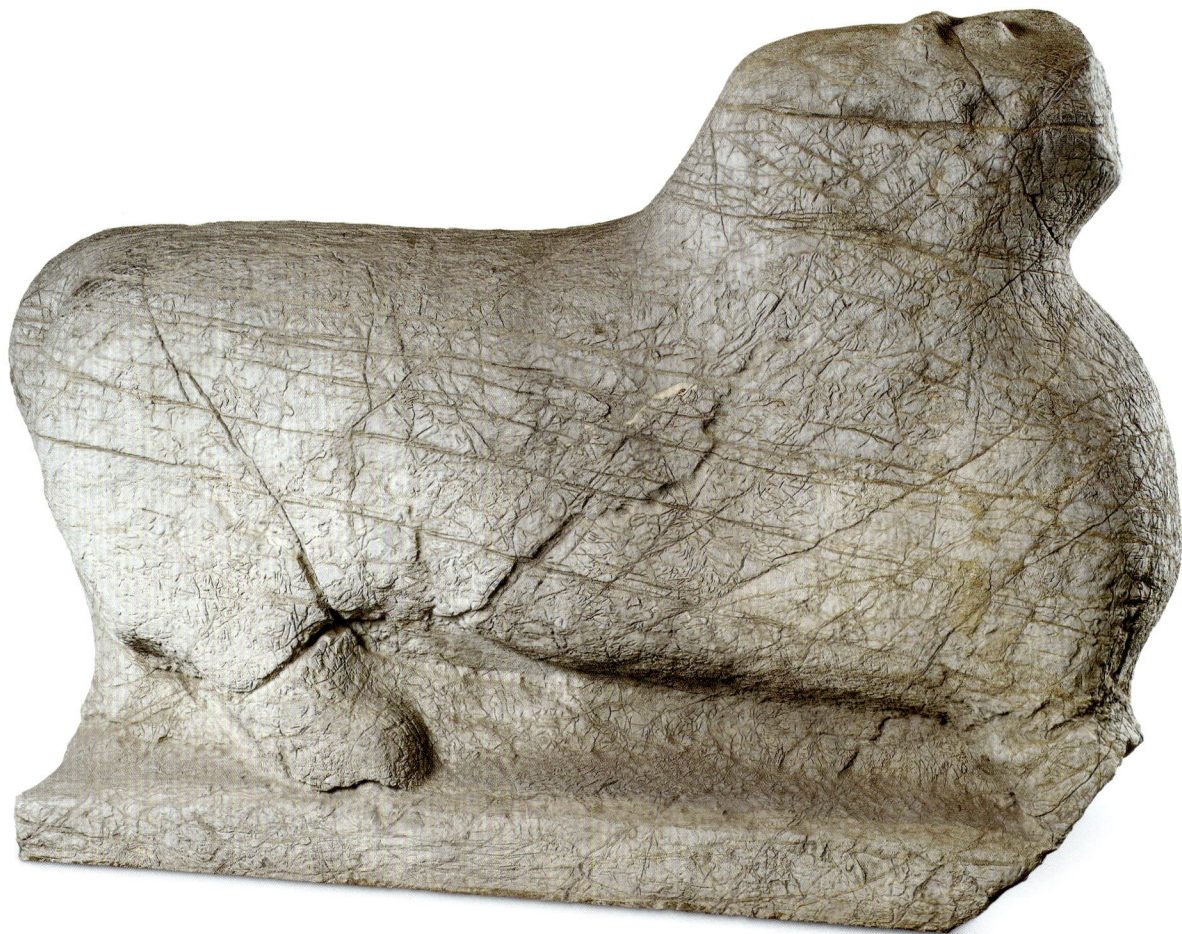

16 东汉贴金箔猪形石握（一对）

长 10.3、宽 2.3 厘米
1958 年宝应县大运河工程范水段汉墓出土
宝应博物馆藏

白色石料雕琢成猪形，作半蹲状，头微仰，吻部微上翘，耳部后耸，通体贴包金箔。猪形石握写实性强，雕刻精炼，神态生动，且用金箔贴满全身，为同类出土器物所罕见，为汉代猪形握装饰的新品种。

17 | 西晋"元康七年"铭石井栏

口径 62、底径 69、高 39 厘米

1987 年仪征市古井镇征集

仪征市博物馆藏

赭色火成岩，圆形，壁较厚，方沿，沿下凹进一周，凹槽下有相对方穿。井栏上原有题铭，尚存"元康七年二月"等九字。

18 | 唐錾刻伎乐飞天纹金栉
宽 14.5、高 12.5、厚 0.2 ~ 0.4 厘米
1983 年扬州市三元路建行工地唐代窖藏出土
扬州博物馆藏

金栉为头饰，用薄金片镂空錾刻而成。马蹄形，下部呈梳齿状。栉面上部满饰花纹，中心主纹以卷云式蔓草作地，上饰两对称的奏乐飞天。飞天下方饰一朵如意云纹。周边饰多重纹带，自内而外分别为单相莲瓣纹带、双线夹莲珠纹带、镂空鱼鳞纹带、镂空缠枝梅花间蝴蝶纹带等。金栉制作精细，纹饰优美，代表了唐代极高的金器制作工艺水平。

通高 8.2、球径 1.6 厘米
1983 年扬州市三元路建行工地唐代窖藏出土
扬州博物馆藏

耳坠由挂环、镂空金球和坠饰三部分组成。上部挂环断面呈圆形，环中横饰金丝簧，环下穿两颗珍珠对称而置；中部的镂空金球用花丝和单丝编成七瓣宝装莲瓣式花纹，上下半球花纹对置。球顶焊空心小圆柱和横环，上部挂坯穿横坯相连。金球腰部焊对称相间的嵌宝孔和小金圈各六个，部分嵌宝孔内还保留红宝石和琉璃珠等；下部有7根相同的坠饰，六根系在金球腰部的小金圈上，一根挂在金球下端中心的金圈上。每根坠饰的上段均做成弹簧状，中段穿一花丝金圈、珍珠和琉璃珠，其下坠一红宝石。耳坠制作精细，装饰华丽，是唐代金首饰中的珍品。

20 | **唐船形银锭**

长 20.5、宽 11.1、高 7.6 厘米
重 3.65 千克
1978 年扬州市双桥公社梅岭大队出土
扬州博物馆藏

锭面呈中间窄，两头宽的束腰状，两端侧面由上至下为斜面梯形足，似船形。该锭形制完整，对研究货币发展史有一定的价值。

21 **唐箕形紫端砚**

长 20.8、宽 13.3、高 3.9 厘米

1974 年扬州市东风砖瓦厂出土

扬州博物馆藏

砚端石质，造型呈箕形。砚堂宽而高于砚池，弧壁。砚面呈斜坡状，由浅入深。底设二长条状足。此砚造型简朴，规矩大方。

22 **唐箕形紫端砚**

长 16.1、宽 11、高 3.3 厘米

1978 年扬州市城东公社林庄生产队唐墓出土

扬州博物馆藏

砚端石质，造型呈箕形。砚面至砚池呈斜坡状，斜直壁。底有长方形状足。此砚做工规整，端庄大气。

23 | 唐天王砂石像

高 46 厘米

1964 年邗江区瓜洲镇八里铺许庄出土

扬州博物馆藏

砂岩质地。天王手持金刚杵，脚踏两只鬼邪，怒目侧视。人物雕刻栩栩如生，线条粗犷有力，对研究唐代佛教文化和雕刻艺术有重要的参考价值。

24 | **唐六臂观音砂石像**

高 43 厘米

1964 年邗江区瓜洲镇八里铺许庄出土

扬州博物馆藏

砂岩质地。观音轻衣薄带，直立赤足，立于莲台之上，身伸六臂，双臂上举掌上各置一物，另双臂下垂呈半握状，胸前双手合十，头顶观音十一种变相法身。此像雕琢线条粗犷流畅，人物刻画传神，具有十足的盛唐气象。

25 | **唐代佛国图砂石群像**
高 22、底径 28 厘米
1964 年邗江区瓜洲镇八里铺许庄出土
扬州博物馆藏

砂岩质地，分上下两层，表现场景为佛国世界。上层中间坐一佛并饰有对称倒挂飞天和人物，下层饰对称人物和骑兽。整体造型生动，人物刻画各具特点，是研究唐代佛教艺术的佳作。

26 唐浅刻花卉纹滑石盖盒

盒高 3、直径 6.5 厘米

1968 年扬州市东风砖瓦厂出土

扬州博物馆藏

滑石盒呈圆形，盖表面阴线浅刻四叶花卉图案，盒内存有大小不同的圆雕滑石龟三只，鸟一只，皆以阴线装饰。滑石盒雕刻简练，线刻流畅，动物造型生动活泼，在扬州唐墓中罕见。

27 | **五代木雕镶银饰木几**
几面直径 30、圈足直径 40、高 78 厘米
1975 年邗江区杨庙公社殷湖大队蔡庄生产队
五代墓出土
扬州博物馆藏

木几呈上小下大之梯形，高桶状，圆几面，圈足，上下由六根镂空绞索型片状支架连接，几面周边及支架上均镶嵌花形银饰片，较为少见，可能为乐器支架。

28 | 五代木雕插栉女俑

宽 8、连座高 36 厘米
1975 年邗江区杨庙公社殷湖大队
蔡庄生产队五代墓出土
扬州博物馆藏

杉木所制。俑高发髻，前面刻一发
栉为装饰，身着和领长衫裙、广
袖，以手拢于胸前，露足。五官采
用深刀刻削，衣服线条明快流畅，
虽用刀精简，但造型准确，人物逼
真，仪态庄严，体现了工匠娴熟的
雕刻技巧和造型能力，同时为研究
五代时期妇女的发饰，提供了重要
依据。

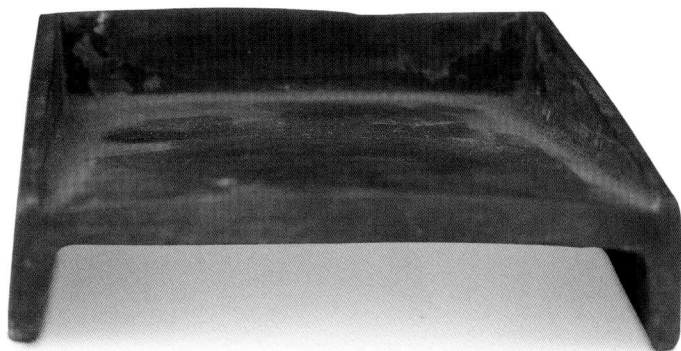

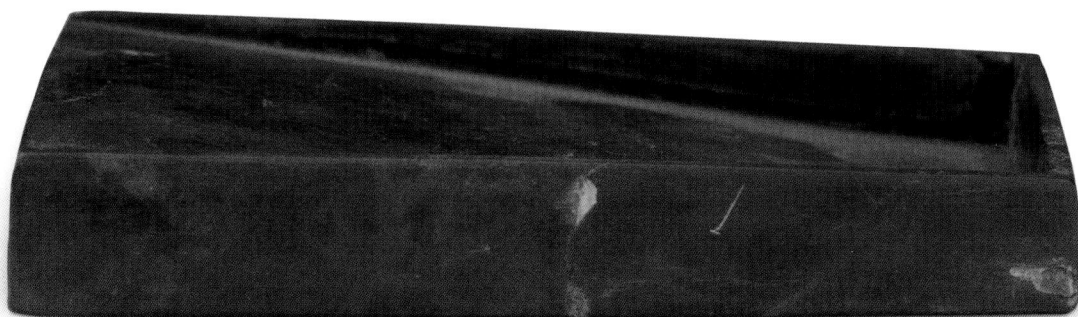

29 ┃ **五代抄手端砚**

长 12.9、宽 8.3、高 2 厘米

1975 年邗江区杨庙公社殷湖大队蔡庄生产队

五代墓出土

扬州博物馆藏

砚端石质，呈长方形。砚面为直斜坡状，前低后高，前窄后宽，底部作抄手，直壁。此砚石质细腻，造型简朴，做工精细。

30 | **五代金佛像**
长 8.7、宽 5.1、厚 0.2 厘米
1997 年扬州市城东路邮电职工宿舍工地五代墓出土
扬州博物馆藏

佛像系用极薄的金片模印锤鍱加工而成。底部为覆仰莲的莲花宝座，佛端坐，高肉髻，身披袈裟，袈裟上饰点珠纹，结跏趺坐，身后为尖拱形背屏，边缘一圈莲瓣，折枝花环绕佛身周围，花瓣、花叶上錾刻极细的线纹，器身周围穿细小的孔。此佛像制作细致，工艺精湛，具有较高的艺术价值。

31 北宋"高阳子春"铭端砚

长 23.2、宽 19、高 4.8 厘米

1993 年仪征市化纤白沙二村工地出土

仪征市博物馆藏

砚端石质。造型近似长方形，砚面为斜坡面，前高后低，砚面有两个金黄石眼，直壁。砚背刻行书十二字"圣宋庚寅岁高阳子春书府记"。此砚端庄厚重，做工规整，石质细腻，砚铭遒劲有力，佳砚佳铭，相得益彰。

32 | 北宋三层雕花石印盒

边长 5.8、通高 11 厘米

1993 年仪征市化纤白沙二村工地出土

仪征市博物馆藏

盒为石质，呈淡褐色。三重套装。盒盖为盝顶，盖面高浮雕莲花和莲叶纹，以斜格纹为地，边缘饰莲瓣纹，四壁在菱形格中刻牡丹和云纹。第二层中间有一隔层，开一长方形孔，便于放置印章，隔层四周边有墨书"明道二祀岁次癸酉上春书府□□高阳"，四壁以网格纹为地纹，浮雕牡丹及花穗纹。第三层四壁刻鱼戏水纹。底座四壁刻莲瓣纹。此印盒设计精巧，纹饰雅致，主次分明，具有晚唐遗风。

33 | **宋抄手澄泥砚**

长 14.5、宽 9.8、高 2.2 厘米，
2000 年宝应县安宜路宋代墓群出土
宝应博物馆藏

砚为澄泥质，呈青黑色。长方形砚身，砚堂斜坡状，砚池较深。背有模印两行铭文"濠州刘家澄泥造□"。此砚质地细腻，为宋代濠州产澄泥砚。

34 宋"东山贡墨"铭文墨锭

长 14.9、宽 3.9、厚 1 厘米

重 40 克

1995 年宝应县安宜路北宋墓群出土

宝应博物馆藏

牛舌形，松烟质地。正面阳文楷书"东山贡墨"四字，字表面涂有泥金，阳文双线边框，背面素纹。此墨锭为模制的松烟墨，用料精细，铭文字体遒劲，系朝廷贡品，殊为珍贵。

35 宋"千岁墨金"铭文墨锭

长 14、宽 3 厘米

重 20 克

1995 年宝应县安宜路北宋墓群出土

宝应博物馆藏

牛舌形，松烟质地。墨面中部鱼形戳记，其内有篆书阳文"千岁墨金"四字。此墨锭为模制的松烟墨，用料精细，保存较好。

36 明仙人乘槎犀角杯

长 26.5、宽 10.2、高 8.6 厘米

捐赠

扬州博物馆藏

犀角所制，以仙人乘槎为造型。依据犀角的自然形状，雕刻成树槎形一叶扁舟。以角根为槎尾，以角梢为槎头，角梢处有一圆形流孔，槎身和槎底环绕浮雕的流水纹，槎内端坐着一位老者背靠假山和枯木，神态怡然。此杯雕刻手法多样，圆雕、透雕、浮雕和浅刻相结合，层次丰富，是一件极佳的工艺品。

37 | **明竹叶螭虎纹犀角杯**

口径 16、底径 5.7、高 8.2 厘米

征集

扬州博物馆藏

犀角所制。椭圆形敞口，弧腹。外壁浮雕螭虎纹、竹叶纹、如意云纹，并镂雕竹茎形柄杯座。此杯纹饰清晰，浮雕形象生动。

38 **清秋叶纹犀角杯**

口径 12.5、底径 6、高 7 厘米

征集

扬州博物馆藏

犀角所制。椭圆形敞口,斜直腹。外壁浮雕草叶纹,镂雕一植物粗茎为柄,并雕叶形底座。此杯纹饰清新,立意高雅。

39 **清鸜鹆眼神仙图端砚**

长 36.2、宽 23、高 6 厘米

扬州文物商店征集

扬州博物馆藏

砚端石质，圆角长方形。砚堂宽大，砚池小巧，有多处鸜鹆眼。砚池周围高浮雕八仙人物，池内浅刻水波纹，砚缘浮雕云纹。此砚石质温润细腻，雕刻手法多样，纹饰繁密，实为难得的精品。

40 **清阮元摹补《西岳华山庙碑》缺字端砚**

长 95、宽 55.5、高 4.7 厘米

1975 年邗江区公道镇南湖祠楼阮氏住所征集

扬州博物馆藏

砚端石质，呈长方形。砚下部挖一方槽，其内作砚堂及砚池。砚额分别刻有楷书成亲王《诒晋斋诗》、阮元《文选楼诗》以及阮福题记。砚背刻有摹补的华山庙碑残缺隶书共111字。砚背下部刻有阮元题记。砚侧刻"端州七十六岁老工梁振馨刻"铭文。此砚质地滋润细腻，形体巨大，这是由清代著名学者阮元及子阮福精心设计的一方巨型端砚，世所罕见。

41 │ 清紫檀木雕灵芝摆件
长 15、宽 11.3、厚 2.4 厘米
扬州珠宝商店征集
扬州博物馆藏

摆件以紫檀木雕琢而成。整体为一组灵芝造型，灵芝一大两小，相互错落，流转自然。摆件木质细腻厚重，构思巧妙，形态逼真，为木雕之精品。

42 清竹根雕人物船

长 35.5、宽 12、高 19 厘米

征集

扬州博物馆藏

利用天然竹根雕制成舟，其上雕形态各异的童、叟、仕女计五人，另置木雕波浪纹底座。此物采用多种雕刻技法而成，雕刻手法全面，雕工精细，设计得体，为清代竹根雕佳作。

43 清雕漆山水人物盘

长 40、宽 28.5、高 3.5 厘米

征集

扬州博物馆藏

盘呈方胜形。除底部髹黑漆外，整体运用剔、刻技法在较厚的红漆胎上进行雕刻。盘边缘于锦地上间刻回文及花卉纹，盘底开光内刻绘小桥流水人家、山石树木、船翁及一撑伞老者。此盘雕工精湛，精细入微，人物刻画丰满细腻，为清代雕漆佳作。

44 | 清植之雕黄杨木人物鼻烟壶

口径 1.8、底径 1.8、通高 6.9 厘米

征集

扬州博物馆藏

壶为清末木雕名家朱植之所制，黄杨木质，溜肩，有盖。壶集圆雕、浮雕、深刻于一体。盖顶雕太白醉酒图，壶身一周雕刻山石林木、亭台楼阁、前塘曲桥，其间雕刻十二老翁，或操琴，或对奕，或垂钓，或听泉。肩部有"植之刻"款。壶盖下连接一根象牙小匙，直插腹中，上刻有汉李延年诗曰："北方有佳人，绝世而独立。一顾倾人城，再顾倾人国。岂不知倾城与倾国，佳人难再得。"下落款"寿之仁兄大人大雅正逸琴弟郑桐刻。"刻迹浅而清晰，勺端刻有一仕女，线条简洁飘逸，神情逼真，此为另一象牙微刻家郑桐所作。名家联手，可称合璧。

45 清于啸轩刻"赤壁夜游"
及《前后赤壁赋》象牙插牌

通宽 10.6、通高 18、牙板直径 5.1 厘米

扬州文物商店征集

扬州博物馆藏

牙板呈圆形，镶嵌在9厘米见方的海梅插牌内，下设两层海梅座架。牙板左上方微刻宋代词人苏轼《前后赤壁赋》词两首，牙牌下方刻东坡赤壁夜游图。插牌造型端正，象牙浅刻工艺精湛，不愧为于氏精心之作。

46 | **清黄杨木雕仿古摆件**

长 14.5、宽 1.5、厚 2.2 厘米

扬州文物商店征集

扬州博物馆藏

摆件以黄杨木雕刻而成，呈不规则长方形状。整器采用双面镂透雕技法，雕琢出一截金钱松苍古的树杆表层形象，并以此为背景，于其上又浮雕出一根遒劲的松枝，用深刻技法表现出团簇的松针。正面刻布库钱形印、方形印各一方，背面后补铭记四行、半月形迎首印、方形印各一方。此摆件玲珑精致，小中见大，包浆正面深沉，背面清亮，当为案前佳器。

后 记

　　第一次全国可移动文物普查工作开展以来，扬州市各级财政、档案、民政、教育等普查领导小组成员单位均给予了人力支持，使可移动文物普查工作得以顺利推进。

　　目前，扬州市第一次可移动文物普查工作顺利转入第三阶段。在前期工作的基础上，我们组织专家先期选取了近200件（套）精品文物汇编成册。藉此书付梓之际，谨向各位领导、专家、工作人员及所有为本书出版付出辛劳的各界人士表示感谢！

　　囿于时间和人力，仓促付梓，疏漏、谬误之处在所难免，尚祈专家学者不吝赐教指正。

本书编委会

2015年9月